Die Ostdeutschen

25 Wege in ein neues Land

DIE OST DEUTSCHEN

25 Wege
in ein neues Land

Ein Gemeinschaftsprojekt mit credo:film,
RBB-Fernsehen und Berliner Zeitung

Ch. Links Verlag, Berlin

Mit Fotos von Markus Wächter (23) und Paulus Ponizak (2).

Die Deutsche Nationalbibliothek verzeichnet diese Publikation
in der Deutschen Nationalbibliografie; detaillierte bibliografische
Daten sind im Internet über www.dnb.de abrufbar.

1. Auflage, September 2014
© Christoph Links Verlag GmbH
Schönhauser Allee 36, 10435 Berlin, Tel.: (030) 44 02 32-0
www.christoph-links-verlag.de; mail@christoph-links-verlag.de
Umschlaggestaltung unter Verwendung des Logos
von credo:film für die Reihe
Satz: Susanne Raake, Ch. Links Verlag, Berlin
Druck und Bindung: Druckerei F. Pustet, Regensburg

ISBN 978-3-86153-797-7

Inhalt

Frank Junghänel: **Der Seelenverkäufer** 9
Robert Schneider ist Chefredakteur der Zeitschrift *Super-Illu* und
will seinen Lesern nicht dauernd erzählen,
wie es früher war.

Sabine Rennefanz: **Wie schwach ist der Mensch?** 18
Andrea von Malottki arbeitet in der Schweriner Außenstelle
der Stasi-Unterlagen-Behörde. Sie kam eher zufällig dorthin.

Julia Haak: **Wasser, Mehl, etwas Salz** 25
Bäcker Thomas Hacker rührt seinen Teig noch wie zu
DDR-Zeiten an. Mit dem Begriff Ostschrippe kann er trotzdem
nichts anfangen.

Alice Ahlers: **Die Rückkehrer** 32
Nach der Wende verloren die Chemiker Christine Wedler und
Hans Schick ihre Arbeit. Doch sie kämpften sich zurück und
gründeten eine eigene Firma.

Rudolf Novotny: **Brust raus, Bauch rein** 39
Heidi Wittwer war früher Stripperin und hieß Yasmyna. Heute
leitet sie eine Erotik-Tanzschule bei Leipzig.

Frederik Bombosch: **Heimat ist Heimat** 48
In der DDR ist Ingolf Kühn Lastwagen gefahren. Nach der
Wende wurde er Airbrush-Künstler – und damit reich.

Karin Bühler: **Immer mal überraschen** **56**

Felix Menzel ist ein exzellenter Ringer, für Luckenwalde kämpft er in der Bundesliga. Doch davon kann man nicht leben.

Jochen Knoblach: **Der sorglose Abenteurer** **65**

Rolfeckhard Giermann war mal Handelsattaché der DDR im Irak und Geschäftsmann zwischen den Systemen.

Maxim Leo: **König August** **74**

Judy Lybke wollte eigentlich Kosmonaut werden. Heute ist er einer der erfolgreichsten deutschen Galeristen und verkauft Kunst bis nach Hollywood.

Susanne Rost: **Am liebsten barfuß** **84**

Dietmar Frick wäre in der DDR gern Arzt geworden, aber er durfte nicht. Als Musiker hat er seinen Frieden gefunden.

Paul Linke: **Hellgrün ist das neue Leben** **91**

Für Leopold Jahn aus Probstzella war der Westen immer im Süden. Heute ist er Naturführer und zeigt Touristen den einstigen Grenzstreifen zwischen Thüringen und Bayern.

Lutz Pehnert: **Fluche, Seele, fluche** **100**

Anne-Katrin Scharlach hat immer gern in der Oberlausitz gewohnt, ist dann aber der Arbeit wegen nach Westfalen gezogen.

Jens Blankennagel: **Der Humor Gottes** **108**

Janette Obara ist recht allein unter Atheisten. Sie ist Pfarrerin in der Altmark.

Kerstin Krupp: **Die zweite Reihe** **117**

Ursula Kleinert hat als junge Frau im Oktoberklub gesungen. Das politische Lied hat sie nie losgelassen.

Susanne Lenz: **Auf dem Mittelweg**   126

Siegfried Bülow war einst für die Produktion des Barkas
zuständig. Heute ist er der Chef des Leipziger Porsche-Werks.

Nancy Krahlisch: **Der Regen wird kommen**   134

Mestlin war einst ein sozialistisches Musterdorf.
Nach der Wende ging es bergab, viele Bewohner zogen weg,
Verena Nörenberg-Kolbow aber ist geblieben und wurde die
Chefin der LPG.

Cornelia Geißler: **Mit Leib und Seele**   141

Ingrid Beyer war Kunstfunktionärin in der DDR. Kommunistin
ist sie heute noch.

Carmen Böker: **Rastlos**   150

Für Autorin Andrea Hanna Hünniger waren die neunziger
Jahre ein weißes Jahrzehnt, geprägt von der
Schockstarre der Eltern.

Thomas Leinkauf: **Eisern Union**   158

Wie der ehemalige Betriebsdirektor Wolfgang Becker
zusammen mit der Belegschaft ein Chemnitzer Traditionsunternehmen gerettet hat.

Anne Lena Mösken: **Dann war's das auch**   167

Lutz Pokall war Nachrichtensprecher beim Berliner Rundfunk.
Heute verkündet er auf der Galopprennbahn Hoppegarten
die Wettquoten.

Katrin Bischoff: **Eine Frage des Prinzips**   176

Bianca Urban, die Bürgermeisterin von Märkisch Buchholz,
ist eine kompromisslose Frau.

Andrea Beyerlein: **Der Evolutionär**   185

Der Journalist Christoph Dieckmann hat in Reportagen und
Büchern immer wieder den deutschen Osten vor und nach
der Vereinigung beschrieben.

Petra Ahne: **Die Frau mit Plan B**   193
Doris Derfling gründete nach dem Mauerfall mit ihrem Mann
ein Fuhrunternehmen. Das ging schief. Heute leitet sie eine
Schuldnerberatung in Berlin.

Marcus Weingärtner: **Ohne Punkt und Komma**   203
Jürgen Kuttner war zur richtigen Zeit am richtigen
Ort der richtige Mann. So ist er zu einer Kultur-Marke
in Berlin geworden.

Susanne Lenz: **Die Nacht seines Lebens**   212
Harald Jäger ließ am 9. November 1989 den Grenzübergang
Bornholmer Straße öffnen.

Anhang

Ein dokumentarisches Gemälde   221
Von Susann Schimk und Jörg Trentmann, credo:film

Das Land der zwei Schlauchboote   223
Von Lutz Pehnert, Regisseur

Leben und erleben nach 1989 – ein Fernseh-Event   226
Christoph Singelnstein, Chefredakteur des
Rundfunk Berlin-Brandenburg

Der skeptische Blick   230
Von Bettina Cosack, Berliner Zeitung

Lebensgeschichten als innerer Programmauftrag   236
Von Christoph Links, Ch. Links Verlag

Der Seelenverkäufer

Robert Schneider ist Chefredakteur der Zeitschrift
Super-Illu und will seinen Lesern nicht dauernd
erzählen, wie es früher war. An einen Ossi-Code
glaubt er aber trotzdem.

Von Frank Junghänel

Wenn sich Robert Schneider eine Geschichte für die *Super-Illu* wünschen dürfte, in der alles so zusammenpasst, wie er sich das gern vorstellt, könnte er gleich bei sich selbst anfangen. Schneider ist jung, sympathisch, fotogen, er ist erfolgreich und kommt aus dem Osten. Besser geht's eigentlich gar nicht. Und dann sitzt er an diesem Freitag mit dem Layouter Roy Grabowski vor dem Monitor und sagt einen Satz, von dem er nie gedacht hätte, dass er ihn einmal sagen würde: »Mach mir doch mal die Dagmar groß.« Die Dagmar. Zwanzig Jahre *Super-Illu* in einem Wort. Für viele, selbst in der eigenen Redaktion, ist es ein Wort des Grauens. Zwanzig Jahre lang spielte die DDR-Schlagersängerin Dagmar Frederic das Maskottchen der *Super-Illu,* ungezählt sind ihre Titelbilder, der frühere Chefredakteur war ihr Trauzeuge. Nun, da es eine neue Entwicklung in dem bizarren Erbschaftsstreit gibt, in den sie verwickelt ist, müsse man sie noch mal groß machen, findet sein Nachfolger Schneider. Als dann das Bild der Frau auf dem Schirm erscheint, stöhnt Grabowski nur: Oh Gott. Er dachte, das hätten sie hinter sich.

»Das ist mein erster Frederic-Titel, seit ich hier bin«, verteidigt sich Schneider. »Sie hat mir aber auch nicht gefehlt.« Er schnellt mit seinem Bürostuhl zurück und überrollt dabei um ein Haar Dolly, den Chihuahua-Mischling seiner Freundin Leyla Piedayesh, auf den er heute aufpassen muss, weil das Frauchen, die Chefin des Labels Lala Berlin, für ein paar Tage zu einer Modenschau nach Paris geflogen ist. In der Mittagspause bringt er rasch noch deren Tochter zum Kindergeburtstag. Iranische Freundin, Patchworkfamilie, Paris – das klingt nicht nach dem Fluidum der guten alten Suppen-Illu, wie das Blatt mitunter auch genannt wird.

Als Robert Schneider im April 2011 die Redaktion der *Super-Illu* übernahm, war er ein Versprechen auf die Zukunft, und das ist er geblieben. Während sein bayerischer Vorgänger Jochen Wolff schon mal im Trachtenjanker in der Redaktion in Berlin-Mitte erschien, trägt Schneider bei der Arbeit ein verschossenes T-Shirt, allerdings mit einem eleganten Schal kombiniert. Das Blattmachen bei einer Boulevardzeitung hat er im Springer-Verlag gelernt, wo er zuletzt als Stellvertretender Chefredakteur für die *Bild am Sonntag* zuständig war. Seine Mitarbeiter sagen, er sei lockerer als Wolff, aber auch chaotischer. Entscheidungen treffe er oft aus dem Bauch heraus. Doch Spontaneität, so komisch das klingt, mögen Journalisten nicht gern. Am liebsten haben sie Konzepte. Und auf das Konzept, wie es mit der *Super-Illu* weitergehen soll, warten sie noch immer. Schneider hat am Layout gewerkelt, Schriften verändert, Rubriken eingeführt, den Politikteil aktualisiert. Er kann am Heft so viel herumdoktern, wie er will, er wird die Frage beantworten müssen, wie zeitgemäß eine Illustrierte ist, die sich exklusiv den Ostdeutschen verpflichtet fühlt, da längst eine Generation herangewachsen ist, die sich nicht mehr so einfach nach Ost und West unterscheiden lässt. Seine Generation. Schneider war dreizehn, als die Mauer fiel.

»Mit 2,9 Millionen Lesern ist die *Super-Illu* die meistge-

lesene Zeitschrift in Ostdeutschland.« Wie ein Mantra wird dieser Satz in jeder Ausgabe auf der Aufschlagseite rechts oben wiederholt. Die Leser sind das eine, die verkaufte Auflage ist das andere. Und die geht dramatisch zurück. Allein in den letzten fünf Jahren ist sie um ein Viertel gesunken. Derzeit beträgt sie circa 337 000 Exemplare. In den Anfangsjahren waren es fast dreimal so viel. Andere verlieren auch, aber die *Super-Illu*, die seit 1990 im Burda-Verlag erscheint, hat ein spezielles Problem: Was wird aus der Zeitschrift, die die Ostdeutschen praktisch erfunden hat, wenn es keine Ostdeutschen mehr gibt?

Das kann einem Robert Schneider auf die Schnelle auch nicht sagen. Jedenfalls will er nicht der Mann von morgen sein, der die Zeitung von gestern macht, selbst wenn es manchmal danach aussieht. Er hat schon Ideen, die *Super-Illu* zu modernisieren. »Nach 25 Jahren ist es klar, dass wir die Leute nicht mehr allein mit Erwin Geschonneck und Dagmar Frederic unterhalten können«, sagt er mit diesem leichten Akzent, der bei jedem assimilierten Sachsen durchklingt. »Wir müssen nicht dauernd erzählen, wie es früher war. Genauso interessant ist doch, was heute passiert. Es gibt großartige Leute, die aus unserer Region kommen und tolle Sachen machen.« Die Schauspielerin Karoline Herfurth aus dem Kinohit »Fack ju Göhte« fällt ihm dazu ein, Tom Schilling, der Sänger Tim Bendzko. Sein Traum sei es, Schriftsteller wie die Buchpreisgewinner Clemens Meyer und Eugen Ruge für die Illustrierte zu gewinnen. Er ist sehr stolz darauf, dass die Autorin Jana Simon bei ihm einen Text über ihre Großeltern Christa und Gerhard Wolf veröffentlicht hat. Als »Hort der Erinnerung und Reflexion« schwebt ihm die *Super-Illu* vor, »als Debattenplattform«. Und wenn er aufwacht aus seinem Traum, sieht er die Volksmusikanten Marianne und Michael auf dem Titelbild und dazu die Schlagzeile »Unsere Lebensbeichte«.

Dazu muss man wissen, dass Schneider während der Schulzeit Sänger in einer Band gewesen ist, sie haben damals Britpop gespielt, Oasis, die Charlatans. Paul Weller ist sein Held. Er verpasst kein Konzert von ihm. Bevor er bei der *Super-Illu* angefangen hat, kannte er nicht einmal Frank Schöbel.

Bevor er bei der *Super-Illu* angefangen hat, kannte er ja nicht einmal die *Super-Illu*. Sie hatte bis dahin für ihn keine Rolle gespielt. Seine Eltern lesen sie bis heute nicht. Und so muss sich Robert Schneider nun als Chefredakteur Gedanken darüber machen, warum eigentlich jemand wie er seine eigene Zeitschrift lesen sollte. Einerseits ist das zum Verrücktwerden, andererseits aber auch interessant. Er habe in den drei Jahren bei der *Super-Illu* mehr über sich und das Land, aus dem er kommt, erfahren als in den drei Jahrzehnten zuvor, sagt Schneider.

Geboren wurde er 1976 in Leipzig, seine ersten Lebensjahre war er in Magdeborn zu Hause, einem südlich der Stadt gelegenen Dorf, das alsbald für die Braunkohle weggebaggert wurde. »Als ich vier war, sind viele Leute nach Leipzig ins Neubaugebiet gezogen. Meine Eltern haben ein kleines Grundstück in Wachau gekauft, einem Dorf in der Nähe, und dort über drei Jahre mit Freunden Stein auf Stein ein Haus gebaut. Die typische DDR-Häuslebauergeschichte.« Sein Vater hatte Maurer mit Abitur gelernt, seine Mutter ist Kindergärtnerin von Beruf. Mit dem Wartburg sei die Familie fast jedes Jahr ins Ausland gefahren. Tschechien, Ungarn, Polen, einmal ging es über Rumänien bis nach Bulgarien. Das Ersparte investierten die Schneiders in den Urlaub, dafür hatten sie bis 1988 keinen Fernseher. Mit sechzehn ist er bei den Eltern ausgezogen, hat Abitur gemacht, wenn auch kein besonders gutes. Journalist wollte er werden, weil er schon als Kind gerne Zeitung las, sagt er. Seine damalige Freundin, »eine Rockerbraut mit hellblauem Käfer«, war zu der Zeit Volontärin bei der *Bild*-Zeitung in Leipzig, seltsamerweise, wie er heute findet. Eigentlich fühlten sie sich eher in der alternativen Szene wohl. »Zur *Bild*-Zeitung bin ich gegangen, nicht weil es die *Bild*-Zeitung war, sondern um mit meiner Freundin zusammen zu sein. Mit ihr war dann relativ schnell Schluss, aber der Job hat mir Spaß gemacht.«

Zum Studieren ist er nicht gekommen, es ging auch so. Kollegen wie Kai Diekmann und Franz Josef Wagner zeigten ihm, wie's geht. »Ich war immer so eine Art Chefredakteurslehrling. Mich hat interessiert, wie man eine Geschichte spannend erzählt.«

In den 25 Jahren seit dem Mauerfall hat er zwanzig Jahre als Journalist gearbeitet und das in einem Dutzend Redaktionen, er war zweimal verheiratet, wurde zweimal geschieden, hat einen siebjährigen Sohn und ist allein in Berlin bisher achtmal umgezogen. Zurzeit wohnt er im Wedding, auch mal schön, »richtig fett Straße«, wie er sagt. Er sucht aber schon wieder was Neues. Man kann sagen, dass er seine Zeit genutzt hat.

Als Robert Schneider von den Leipziger Tagen erzählt, fällt er ab und zu ins schönste Sächsisch zurück. Er sagt, das passiere ihm eigentlich nur, wenn er mit Ostdeutschen zu tun habe. »Ich lasse mich dann eher fallen, bin nicht so kontrolliert.« Es sieht so aus, als sei das mit den verschwindenden Identitäten doch nicht so einfach. Vielleicht sitzt der Ossi-Code, von dem er spricht, wenn er an seine Leser denkt, auch bei ihm tiefer als er das wahrhaben möchte.

Jemand, der sich mit den Ostdeutschen so gut auskennt wie kaum ein anderer, ist der Psychotherapeut Hans-Joachim Maaz aus Halle. In seinem Buch »Der Gefühlsstau. Ein Psychogramm der DDR« beschreibt er, welchen Einfluss familiäre Beziehungen und staatliche Strukturen auf die Entwicklungspsychologie der Menschen in der DDR gehabt haben. Erschienen ist es 1990, im selben Jahr wie die erste Ausgabe der *Super-Illu*. Wenn man auch sagen muss, dass sie sich von zwei sehr verschiedenen Seiten der ostdeutschen Seele widmen, kommen sie doch zu überraschend ähnlichen Befunden.

Hans-Joachim Maaz sagt, dass er nur zur *Super-Illu* greife, wenn sie zufällig irgendwo liege. Aber ihm imponiere durchaus deren Idee. Er nennt das nicht Ostalgie, sondern Rückbesinnung. »Dass es dort ein Bemühen gibt, den Alltag in der DDR zu würdigen, hat für mich einen therapeutischen Wert.«

»Ostdeutsche ticken anders«, lautet etwas verkürzt das Fazit des Psychotherapeuten, der viele Jahre Chefarzt im Diakoniewerk Halle gewesen ist und seit seiner Pensionierung in einer Gründerzeitvilla gleich nebenan praktiziert. Die äußerliche Transformation zum Westdeutschen, wenn man es so nennen wolle, sei vor allem bei den Jüngeren vollzogen, sagt Maaz. In der Ausbildung und den Chancen gebe es keine Unterschiede mehr. »Aber sie merken, dass sie von ihren ostdeutschen Eltern etwas mitbekommen haben, das sie in die westlich geprägte Welt einbringen können.« Er denke an Werte wie Bescheidenheit, soziale Auskömmlichkeit, die Fähigkeit, Schwächen einzugestehen, auch Peinliches anzusprechen. Seine Hoffnung ist es, dass sich diese eher östlichen Beziehungsqualitäten in den folgenden Generationen mit westlicher Durchsetzungskraft verbinden und dem Willen, Verantwortung zu übernehmen. Das wäre dann so etwas wie der neue Mensch.

Bei Jochen Wolff, der die *Super-Illu* einst miterfunden hat, klingt das so: »Die jüngere Generation hat eine dünne Schale. Wenn du da dran klopfst, kommt sofort wieder der Osten zum Vorschein. Es ist inzwischen ein gewisser Stolz auf die Heritage Ost da.« Das ostdeutsche Erbe. Ab und zu schaut Wolff noch in der Redaktion vorbei, um einen Blick auf jenes Erbe zu werfen, das ja irgendwie auch sein Erbe ist. Er strahlt die Gelassenheit eines Menschen aus, der zufrieden mit seinem Werk ist. Eine kleine Galerie in der Redaktion zeigt Fotografien mit Prominenten. Auf einem Dutzend ist Jochen Wolff zu sehen, mit Kohl, mit Steinmeier, mit Thierse, mit Angela Merkel. Die Politiker haben immer sehr gern mit der *Super-Illu* gesprochen. Für sie ist die Zeitschrift der Draht in den Osten, und allzu unbequeme Fragen müssen sie nicht befürchten.

Vor ein paar Wochen wurde das Blatt sogar im Plenum des Bundestags erwähnt. Bei der Aussprache zum Stand der deutschen Einheit sagte Roland Claus von der Linkspartei: »Ich habe natürlich keinen Grund, hier Werbung für die *Super-Illu* zu machen, aber sie wird deshalb im Osten gelesen, weil sich die Leute dort mit ihrem Lebensgefühl wiederfinden.« Darauf rief ein Thüringer CDU-Mann: »Sehr gute Zeitung, Herr Claus!« Schneider konnte sein Glück kaum fassen und hat auf der Leserbriefseite gleich das ganze Redeprotokoll abgedruckt.

Bei der Frederic-Ausgabe haben sie sich inzwischen weiter ins Heft vorgearbeitet. Robert Schneider sitzt die ganze Zeit mit dem Grafiker zusammen, stundenlang. Er kontrolliert die Fotoqualität, prüft den Zeilenabstand, greift auch mal selbst zur Maus, wenn ihm was nicht schnell genug geht, was jeden Layouter wahnsinnig machen würde, nur Roy Grabowski nicht. Es gibt fast keine der 85 Seiten, die der Chefredakteur nicht persönlich betreut. Die Fotos zu einem Interview mit dem Schauspieler Thomas Kretschmann lässt er komplett auswechseln. Sie sind ihm alle zu männlich. »Komm, nimm das«, sagt er zu Grabowski. »Das ist so ein schüchterner Ossi-Blick.« Grabowski, selbst Ostler, weiß nicht, was das sein soll, ein schüchterner Ossi-Blick, aber wenn der Chef es so will. Er ist ja hier nicht nur der Geschichtenerzähler, er verkauft mit jedem Heft auch ein bisschen ostdeutsche Seele.

Jetzt gibt es nur noch ein akutes Problem, den Hals von Dagmar Frederic. »Soll ich Daggi glätten«, fragt die Bildbearbeiterin in Schneiders Richtung. »Früher musste ich sie glatt ziehen wie Sau.« Der Chefredakteur schaut sich das Bild an. Er sagt, er wolle so natürlich wie nur möglich bleiben. Bei der *Super-Illu* sind neue Zeiten angebrochen.

Wie schwach ist der Mensch?

Andrea von Malottki arbeitet in der Schweriner
Außenstelle der Stasi-Unterlagen-Behörde.
Sie kam eher zufällig dorthin. Jetzt ist sie dort
Detektivin und Therapeutin zugleich.

Von Sabine Rennefanz

Andrea von Malottki steht auf der Leiter in ihrem Haus bei
Schwerin, als sie im Radio plötzlich eine bizarre Liebeser-
klärung vernimmt.

Andrea von Malottki ist damals 28 Jahre alt, verheiratet,
zwei Kinder, arbeitet als Bibliothekarin. Ihr Leben in einem
Dorf bei Schwerin hat etwas Weltabgewandtes, einen Fernseher haben die Malottkis nicht. Der Tag, an dem die Über-
tragung aus der Volkskammer im Radio läuft, ist der 13. November 1989. Auf einmal diese Stimme, fast winselnd: »Ich
liebe doch alle Menschen.« Andrea von Malottki hört re-
gungslos zu, ein Zitat fällt ihr ein, Hamlet, von ihrem ge-
liebten Shakespeare: »Die Welt ist aus den Fugen.«

Vier Tage zuvor ist die Mauer geöffnet worden, das Land,
in dem Andrea von Malottki groß geworden ist, wankt.
Nichts scheint mehr sicher zu sein. Wenn jetzt der verhass-
te Stasi-Chef von Liebe spricht – was kommt als Nächstes?

Das ist inzwischen 25 Jahre her. Andrea von Malottki
ahnte damals noch nicht, wie viel sie mit Erich Mielke und
seiner Hinterlassenschaft zu tun haben würde, sie ahnte
noch nicht, dass Mielkes Akten ihr Leben prägen würden.

Andrea von Malottki steht im Keller der Stasi-Unterlagen-Behörde Schwerin. Vor ein paar Jahren ist das Amt aus
dem Stadtzentrum in ein ehemaliges Armeegebäude auf
dem Land gezogen, einsam steht der dreistöckige Mehr-

zweckbau auf einem Feld, zweimal am Tag kommt der Bus vorbei. Nicht gerade ideal für ein Amt, das die Aufmerksamkeit der Menschen braucht.

Andrea von Malottki führt die Gäste in den Bauch des Gebäudes, um die Aktensammlung zu zeigen. Sie ist blond, freundlich, mit warmen, wachen Augen.

Sie öffnet mit einer Karte die gesicherte Tür zu den Räumen, in dem die Papiere lagern, die nach der Wende aus der Schweriner Stasi-Zentrale gerettet wurden. Tausende Sammelordner stehen in hohen Metallschränken, beschriftet mit geheimnisvollen Abkürzungen wie AIM, AKAG, VPI, ZPDB. Die Stasi benutzte eine eigene Sprache, das musste Andrea von Malottki lernen, als sie 1991 anfing. Inzwischen muss sie nur eine Registriernummer sehen, und ihr fällt ein Schicksal dazu ein. Keiner in der Außenstelle Schwerin ist so lange dabei wie sie. Sie war schon hier, als der spätere Bundespräsident Joachim Gauck Bundesbeauftragter wurde und das Amt so sehr prägte, dass es lange seinen Namen trug. Gauck-Behörde. Inzwischen wird die Behörde von dem ehemaligen Journalisten Roland Jahn geleitet.

Wenn man alle Akten hintereinander aufstellen würde, dann ergäbe sich eine über 2500 Meter lange Reihe. Allein aus dem Bezirk Schwerin. Im Vergleich zur Datensammelwut des US-Geheimdienstes NSA wirkt das vielleicht wenig, aber die Stasi hatte damals auch noch kein Internet zur Verfügung. »Zum Glück«, sagt Andrea von Malottki.

Am Anfang, in den neunziger Jahren, saß sie oft unten im Keller und las Akten, wie im Fieber, ohne auf die Uhr zu schauen, entsetzt über die Schweinereien, die in dem Land passiert waren, das sie zu kennen meinte. Als stellvertretende Leiterin der Behörde hat sie inzwischen nur noch mit besonderen Fällen zu tun, bei denen sie die Antragsteller berät. Oben im ersten Stock liegt ihr Büro, funktional eingerichtet, Raufaser, Auslegeware, Grünpflanze.

Sie erklärt, wie man einen Antrag formuliert, wie man die Akten liest, was Schwärzungen bedeuten. Auf ihrem Schreibtisch liegt der Fall einer jungen Frau, die den Verdacht hatte, dass ihre Großmutter IM war. Seit einer Gesetzesnovellierung erlaubt das Stasi-Unterlagengesetz, dass Enkel und Kinder sich nach verstorbenen Angehörigen erkundigen können. In dem konkreten Fall fand Andrea von Malottki Akten, die belegen, dass nicht nur die Oma, sondern auch der Opa eifrig Berichte geschrieben hat. »Damit muss die Enkelin nun fertig werden«, sagt sie und trinkt einen Schluck Wasser. Es klingt, als wäre es ihr lieber gewesen, man hätte nichts gefunden.

Andrea von Malottki hat ihr Leben den Akten gewidmet, doch der Weg in die Stasi-Unterlagen-Behörde war eher zufällig. Zu DDR-Zeiten hat sie sich nicht besonders für Politik interessiert. Sie kannte keine Dissidenten, keine Stasi-Mitarbeiter, sagt sie. Als Landsleute die Stasi-Büros in den Bezirksverwaltungen besetzten und Bürgerkomitees gründeten, war sie nicht dabei.

Sie ist in Wismar aufgewachsen, Vater Hafenarbeiter, Mutter Krankenschwester. Als Mädchen las sie viel, vor allem Engländer, Amerikaner, das half gegen das Fernweh. Sie hatte eine gleichaltrige Brieffreundin in Griechenland, mit der sie sich auf Englisch schrieb. Die Briefe, die Bücher, sie fächelten ein wenig Luft in das kleine Land.

Sie studierte dann in Rostock, wurde Lehrerin für Englisch und Deutsch. War sie als Lehrerin, als Staatsangestellte, nicht auch, wie sagt man so schön, systemnah? Andrea von Malottki macht eine Pause, schaut auf, überrascht, dann sagt sie: »So dachte ich damals nicht.« Sie sei gern Lehrerin gewesen, habe sich nicht eingeschränkt gefühlt.

1988 zog sie mit ihrem damaligen Mann, einem Förster, und den zwei kleinen Kindern aufs Dorf. In der nahe gelegenen Schule wurde keine Englischlehrerin gebraucht, also fing Andrea von Malottki in der Schulbibliothek an. Die großen Umwälzungen, die 1989 das Land überrollten, hatten keinen Einfluss auf ihr Leben. Erst im Sommer 1991 änderte sich alles.

Die Stasi-Unterlagen sollten für die Bürger geöffnet werden, eine neue Behörde formierte sich, Personal wurde gebraucht. Eine ehemalige Kollegin sprach Andrea von Malottki an. Das Bewerbungsgespräch fand bei ihr zu Hause auf der Couch statt. Der Bürgermeister des Dorfes warnte sie noch, das sei nichts für Frauen. Nach einer schlaflosen Nacht sagte sie zu.

Aus der Bibliothek, der Welt der Romane, der ausgedachten Geschichten wechselte sie in die Welt der Akten, der wahren Schicksale. Am Anfang kamen vor allem diejenigen, die unter dem Geheimdienst persönlich gelitten hatten. 20 000 Anträge wurden 1992 gestellt, so viele wie nie wieder danach. Am ersten Tag, dem 2. Januar 1992, bildeten sich lange Schlangen vor der Behörde am Demmlerplatz in Schwerin. Die Menschen kamen mit großen Erwartungen, sahen die Mitarbeiter als Stasi-Kenner. »Dabei hatten wir am Anfang auch kaum Ahnung«, erinnert Andrea von Malottki. Sie arbeitete sich schnell ein, musste nicht nur Sachbearbeiterin sein, sondern auch Trösterin, Therapeutin, Detektivin. Den Menschen, so sagt sie, seien die Herzen übergelaufen. Sie mochte die Stimmung damals. Alle in der Behörde waren neu, alle arbeiteten, ohne auf die Uhr zu schauen.

Andrea von Malottki erinnert sich noch an ihren ersten Antragsteller und seine dramatische Geschichte: 1951 im Frauengefängnis Hoheneck geboren, in Wismar vaterlos aufgewachsen, 1973 wegen »staatsfeindlicher Hetze« zu sieben Jahren Gefängnis verurteilt, nach drei Jahren von der Bundesrepublik freigekauft. Der Antragsteller hieß Ulrich Schacht, ein Journalist und Schriftsteller. Obwohl er inzwischen in Schweden lebt, hat Andrea von Malottki Kontakt zu ihm gehalten. Seine Lebensgeschichte hat sie sehr beschäftigt. Sie habe sich manchmal gefragt, warum ihr solche kritischen Gedanken nie gekommen sind. Warum hat sie nichts bemerkt? Sie sitzt gedankenverloren auf ihrem Stuhl in ihrem stillen Büro, wirkt in sich versunken. Dann sagt sie: »Von der NSA-Affäre haben wir ja auch lange nichts mitbekommen.«

Die Erfahrung mit zwei Systemen hat sie skeptisch gemacht. Sie sieht in beiden Gutes und Schlechtes, sagt sie. Wenn man länger mit ihr redet, merkt man, dass sie ihre Arbeit nicht als Abrechnung mit einem System betrachtet, sondern als Menschenstudie. Wie schwach ist der Mensch? Wie viel Druck braucht es, bis er einknickt?

Andrea von Malottki berichtet von einer Antragstellerin, die als junge Frau in den Westen ausgereist war und sich als Opfer des Regimes sah. Doch das Einzige, was Andrea von Malottki fand, war eine Verpflichtung als Inoffizielle Mitarbeiterin. Es war nur eine dünne Akte, aber die Frau war IM.

Nützt es dem Land, dass diese illegal gewonnenen Informationen der Stasi immer noch Lebensläufe vergiften können? Wäre eine Schließung der Akten nicht besser, um der Versöhnung willen? Andrea von Malottki überlegt. Sie zitiert den französischen Staatsmann Talleyrand, sie zitiert Gauck, um zu belegen, wie wichtig Transparenz ist. Es sei eine Chance, mit der Diktatur anders umzugehen als nach 1945. »Die Frage ist doch: Wie konnte es gelingen, dass ein Staat 17 Millionen Menschen einsperren kann?«

Aber bringen die Akten Versöhnung? Andrea von Malottki geht nicht direkt auf die Frage ein, sondern erzählt, wie erleichtert Ulrich Schacht damals darüber war, dass keiner seiner Freunde ihn bespitzelt hatte.

Die Zahl der Anträge ist seit den neunziger Jahren stark gesunken, seit 2005 melden sich im Schnitt 2500 Menschen pro Jahr. Oft kommen Menschen ab Mitte 50 oder Rentner, die Fragen klären möchten, für die sie sich früher keine Zeit genommen haben. In der letzten Zeit passiert es häufiger, dass sich Erwachsene an Andrea von Malottki wenden, die als Kind ohne Vater aufgewachsen sind und in den Stasi-Akten nach Spuren suchen wollen. Eigentlich darf man nur die eigenen Akten einsehen. Es gibt aber Ausnahmen, dann ist es erlaubt, die Akten von Angehörigen oder Bekannten einzusehen, um etwas über sich selbst herauszufinden. Einmal ist es Andrea von Malottki gelungen, einen verschollen geglaubten Vater aufzuspüren.

In fünf Jahren soll die Behörde wahrscheinlich geschlossen und die Akten ins Bundesarchiv überführt werden. Andrea von Malottki macht sich keine Sorgen, sagt sie. Es werde sich eine Aufgabe finden.

Sie schaut aus dem Fenster, es ist Nachmittag geworden. In der Behörde herrscht eine fast klösterliche Ruhe. Andrea von Malottki selbst hat übrigens keine Akte.

Wasser, Mehl, etwas Salz

Bäcker Thomas Hacker rührt seinen Teig
noch wie zu DDR-Zeiten an.
Mit dem Begriff Ostschrippe kann er trotzdem
nichts anfangen.

Von Julia Haak

Knubbelig ist das erste Wort, das einem zu Bäcker Hackers Splitterbrötchen einfällt. Knubbelig und riesig. Mindestens doppelt so groß wie bei anderen Bäckern. Übereinander gestapelt liegen sie auf einem Blech und duften atemberaubend. Die Zuckerkruste glänzt leicht.

Wegen dieser Splitterbrötchen ist Bäcker Hacker geradezu berühmt in Berlin. Im Internet kann man Hymnen auf seine Teigteile lesen. Manch einer behauptet, allein deswegen quer durch die Stadt zu fahren und in die Bäckerei in der Stargarder Straße in Prenzlauer Berg zu kommen.

»Vorsicht vor dem Zuckerschock«, sagt Thomas Hacker und lacht. Hacker steht in seiner Backstube. Die Szene wirkt wie gemalt: der stämmige Mann in seiner weißen Bäckerkleidung, hinter ihm ein riesiger gemauerter Ofen, daneben eine Knetmaschine und eine Waage, beide wirken irgendwie historisch. Es ist eng in Hackers Backstube und warm. Holzschieber liegen auf einer Ablage, Mehlsäcke sind zu einem Turm aufgeschichtet. In großen runden Töpfen steht Mohn bereit und Kakaocreme. Auf einem kleinen Kocher köcheln Kirschen, auf einem Tisch liegt ein riesiger Block Butter.

Es ist gerade halb zwölf. Eigentlich könnte Thomas Hacker jetzt Feierabend machen. Die Arbeit ist getan. Überall liegt fertiges Gebäck. Ein Angestellter fegt den Fußboden, der Lehrling macht die Maschinen sauber. Aber Thomas Hacker ist ja nicht nur Bäcker, sondern auch Chef in diesem Laden. Und deshalb fällt nach dem Handwerk immer noch ein wenig Büroarbeit an. Thomas Hacker hat dafür nur einen schmalen Raum neben der Backstube, der mit Schrank, Tisch und Stühlen schon vollgestellt wirkt. Thomas Hacker setzt sich und trinkt erstmal eine Tasse Kaffee.

Nebenan im Laden hängen Urkunden an der Wand. 1991 steht auf Hackers Meisterbrief. Daneben hängt der Brief seines Vaters – ein Beweis dafür, dass dies ein Traditionsunternehmen ist, in zweiter Generation ein Familienbetrieb. Der zweite Beweis: die Einrichtung des Ladens. Die Theke ist altmodisch, die Brote liegen aufeinander gestapelt auf einfachen Metallregalen, die Wandverkleidung ist beschichtet und deshalb abwaschbar. Schön altmodisch alles.

Das könnte natürlich eine Verkaufsmasche sein. Schließlich gibt es diesen Trend zum guten Alten nicht nur bei Backwaren. Aber eben auch dort. Gerade hat die bayerische Hofpfisterei das Land mit 150 Filialen überzogen und bewiesen, dass man mit traditionellen Broten aus Natursauerteig, einem nostalgischen Auftritt und dem Versprechen, Gesundes zu verkaufen, hohe Preise für Backwaren erzielen kann.

Anders bei Bäcker Hacker. In seinem Laden sieht es nicht nur so aus wie früher. Es ist wie früher. Die Hackers haben nach der Wende nicht alles rausgeworfen und neu gemacht. »Im Stil sind wir uns treu geblieben«, sagt Thomas Hacker und umschreibt so das Beharren auf dem Gewohnten. Er hat sogar die alten Maschinen behalten.

Und Thomas Hacker bäckt auch wie früher. Wasser und Mehl, etwas Salz, ein paar Körner, mehr kommt nicht rein

in seine Brote und Brötchen. Mit dem Begriff Ostschrippe kann er trotzdem nichts anfangen. »Das macht der Bäcker so«, sagt er einfach. Er ist eben bodenständig. Keine Enzyme, keine Backmischungen und schon gar keine tiefgefrorenen Teiglinge. »Ich habe den Eindruck, die Kundschaft weiß das jetzt wieder zu schätzen«, sagt Hacker.

Freundlich sieht er aus mit den kurzen Haaren, der Brille und der vor dem Bauch geknoteten Bäckerschürze. Und mit seinem Lächeln. Man kann sich vorstellen, dass die Leute gern ihre Sonntagsbrötchen bei so einem Bäcker kaufen. Seine Kundschaft sei die von früher, sagt Hacker, es gebe aber auch eine neue aus der heutigen Nachbarschaft, Touristen, Passanten, »die ganze Bandbreite eben«. Neulich sei eine ältere Dame gekommen, die habe gesagt, sie habe schon als Kind in dieser Bäckerei eingekauft. Sie habe sich an den Fußbodenbelag erinnern können. »Für sie war die Bäckerei irgendwie ein Stück Identität«, sagt Hacker.

Dass die Leute zahlreich kommen, ist ein relativ neues Phänomen. Hacker sagt, er habe eine harte Zeit hinter sich und noch weiß er nicht, ob er nicht auch eine schwierige vor sich hat. Er hat einen alten 50-Mark-Schein aufgehoben, einen D-Mark-Schein. Das Papier erinnert ihn daran, was mit der Wende kam. »Plötzlich ging's nur noch ums Geld«, sagt er.

Thomas Hacker ist 45 Jahre alt. Als die Mauer fiel, steckte er gerade im Meisterstudium. Sein Vater hat in dieser Bäckerei 1970 als Geselle angefangen, 1982 übernahm er den Betrieb. Thomas Hacker ist quasi in der Backstube groß geworden. Das Backwarenkombinat sei gar nicht in der Lage gewesen, die Bevölkerung allein zu versorgen. Alles, was die Familie und ihre Angestellten produzierten, seien sie auch losgeworden.

»Ich wollte eigentlich Mechaniker werden«, sagt Thomas Hacker. Irgendwas mit Autos oder Flugzeugen. Aber dann wurde er doch Bäcker wie der Vater. Es ist ein harter Job mit Zwölf-Stunden-Nachtschichten. Um Mitternacht anfangen und bis mittags durchhalten. Dann noch saubermachen. »Jetzt bereue ich es aber nicht«, sagt Hacker. Und dann ergänzt er: »Nicht mehr.«

Es hat andere Zeiten gegeben. Zeiten, in denen er gezweifelt hat, ob der Bäckerberuf wirklich eine gute Wahl war. Aber das war erst viel später. Durch die Wendezeit selbst ging Hacker auffallend unbeirrt. Damals leitete der Vater den Betrieb. In Thomas Hackers Meisterkurs blieben von 25, die gemeinsam angefangen hatten, nur noch fünf. Die anderen gingen in den Westen, wollten plötzlich etwas anderes machen. Hacker nicht. »Ich konnte doch Papa nicht im Stich lassen«, sagt er. Den gesellschaftlichen Umbruch nahm er privat zwar wahr. »Aber hier ging's einfach weiter.« Hacker schloss den Meisterkurs 1991 ab. Er ist keiner, der hinschmeißt und sich neu erfindet.

Die Umwälzungen durch die Währungsunion spürten vor allem seine Eltern. Nun bekam man zwar endlich Mandeln für das Gebäck, die es zuvor nicht zu kaufen gegeben hatte, aber quasi über Nacht veränderten sich Löhne und Krankenversicherungen für die Angestellten, die Miete, der Gaspreis. Wie sollte man das mit fünf Pfennig pro Schrippe erwirtschaften? Die Hackers bekamen es irgendwie hin, aber als der Euro die D-Mark ablösen sollte, gaben sie auf. »Noch 'ne Währungsumstellung wollten Mama und Papa nicht mitmachen«, sagt Thomas Hacker. Er übernahm den Betrieb.

Es war ein ungünstiger Zeitpunkt. Hacker glaubt, dass gerade diese Jahre für das Bäckerhandwerk die schwersten waren. Nicht, weil nun der Euro kam. »Es fing schon 1998 an, dass Tankstellen plötzlich vermehrt Brötchen verkauften. Dann kamen die Backshops mit ihren tiefgefrorenen Teiglingen, die sie aufbacken«, sagt Hacker.

Das Haus in der Stargarder bekam einen neuen Eigentümer und wurde saniert. Sie hatten ein Baugerüst vor der Tür. Die Kundschaft blieb weg. »Wir haben geackert Tag und Nacht und kein Geld verdient«, sagt Hacker. Aber irgendwann ging auch das vorbei. Seit etwa drei Jahren, sagt er, spüre er deutlich, dass sich die Menschen vom Billig-Trend abwenden und dafür interessieren, was sie essen. Sie fragen, welches Mehl er verwendet und wo es herkommt. Dann kann er sagen, es sei von der Spreewaldmühle, immer dasselbe Mehl, weil es besonders gut sei. Trotzdem ist die Bäckerei Hacker heute kleiner, als zu DDR-Zeiten: drei Leute in der Backstube, drei vorn im Laden.

Die Wende, sagt Thomas Hacker, habe ihn selbst eigentlich nicht verändert. Der Westen sei ja für ihn kein Sehnsuchtsland gewesen. »Wir haben am Grenzübergang Bornholmer Straße gewohnt. Wir Kinder haben gegen die Mauer Fußball gespielt. Manchmal flog der Ball rüber, dann haben wir die Grenzpolizisten gebeten, ihn zurückzuschießen. Mauer, das war eben so. Da war das Land zu Ende«, sagt Hacker.

Nach der Maueröffnung ist er dann doch mal rübergefahren in den Westen. »Alles schön bunt, na ja.« Er ist dann wieder nach Hause gefahren. »Schicke Turnschuhe vielleicht und ein Opel, aber sonst? Uns ging es nicht schlecht.« Jetzt, in diesem gemeinsamen Land, könne man natürlich freier seine Zukunft gestalten. »Viele Möglichkeiten, aber die muss man auch bezahlen können. Das haben wir ja nicht gewusst«, sagt er.

Thomas Hacker sieht sich in dieser Welt, die plötzlich Kopf stand, rückblickend als eine Art ruhenden Pol. »Die anderen haben sich verändert«, sagt er. Er nicht. Viele Menschen seien bequemer geworden. Er hat das in seinem Freundeskreis beobachtet. Schon öfter habe er arbeitslosen Freunden einen Job in der Backstube angeboten. »Aber die arbeiten lieber im Sommer auf dem Bau und kassieren im Winter Arbeitslosengeld«, sagt er, »kann ich nicht verstehen.« Für Bäcker Hacker ist das ein Beispiel für grundlegende Probleme, die diese Gesellschaft habe. Nachwuchs etwa sei im Bäckerhandwerk nur noch mühevoll zu finden. »Hunderte Bäckereien suchen Nachwuchs. Das Handwerk stirbt aus. Vor der Wende hatten wir 580 Bäckereibetriebe in Berlin, jetzt sind es um die hundert«, sagt er.

Es ist nicht alles schön in einem pittoresken Handwerksbetrieb. Vieles ist sogar besonders anstrengend. Gerade hat Hacker Ärger mit seinem Vermieter. Der hat ihm gekündigt. Im nächsten Jahr soll die Bäckerei ausziehen. Der Vermieter hat ihm einen Vertrag über zehn Jahre mit einer Staffelmiete angeboten. Das Doppelte an Miete soll er dann zahlen. »Das kann ich nicht als Handwerksbetrieb. Wir sind seit Generationen an diesem Standort. Aber jetzt geht's nur noch ums Geld«, sagt Hacker und wedelt mit dem 50-Mark-Schein. »Na ja, hilft ja nichts«, brummelt er dann und steht auf, um nebenan in der Backstube die köchelnden Kirschen umzurühren. Er hofft, dass er mit dem Vermieter noch verhandeln kann.

Die Rückkehrer

Nach der Wende verloren die Chemiker
Christine Wedler und Hans Schick ihre Arbeit.
Doch sie kämpften sich zurück und
gründeten eine eigene Firma.

Von Alice Ahlers

Christine Wedlers Vergangenheit liegt gleich um die Ecke. Sie muss nur von ihrem Chefsessel aufstehen, mit dem gläsernen Aufzug nach unten fahren und ein paar Schritte gehen. Schon ist sie da, wo sie über 30 Jahre als Chemikerin gearbeitet hat. Einst stand hier ein klotziger Plattenbau. Heute ist davon nur noch ein Stück Wiese übrig. Vor ein paar Jahren wurde er abgerissen, der Klotz, so wie viele Gebäude in Adlershof, dem boomenden Wissenschafts- und Technologiepark im Berliner Südosten. Architekten kamen und bauten Modernes. Mit viel Glas, Aluminium, bunten Scheiben oder begrünter Fassade. Durch die Straßen, die die Namen von Albert Einstein oder Justus von Liebig tragen, weht heute Gründergeist. Zwei Meter hohe Buchstaben empfangen den Besucher an der Rudower Chaussee. »Adlershof. Science at work« steht da. Der weiße Schriftzug erinnert an Hollywood.

Christine Wedler hat ihr gesamtes berufliches Leben in Adlershof verbracht. Hier hat sie Abstieg und Aufstieg erlebt, und eine Zeit lang hat sie ausharren, sich in Geduld üben müssen. Aufgegeben hat sie nie, sie ist zäh. Nach der Wende hatte Christine Wedler ihre Stelle verloren, heute ist sie Chefin der Chemiefirma Asca. Sie ist jetzt 63. Sie arbeitet nicht mehr im Labor, sondern in einem Büro. Ein schmaler Raum, schlichte Möbel, recht bescheiden für eine Managerin.

Glaskolben und Pipetten hat sie gegen Regale voller Akten eingetauscht.

»Ach«, sagt sie wegwerfend und schüttelt den dunklen Kurzhaarschnitt. »Eine Firma ist auch nicht anders als ein normaler Haushalt.« Was nehmen wir ein, was geben wir aus? Gar nicht so schwer. Viel Nachhilfe in Kapitalismus hat sie nicht gebraucht, nie ein Business-Seminar besucht. »Man lernt es, indem man es einfach tut«, sagt die Frau mit der aufrechten Körperhaltung. Sie hat eine feste Stimme, die nach Anpacken klingt. Man würde mit ihr auf eine stramme Wanderung gehen, wohl wissend, dass sie einen unter allen Umständen ans Ziel bringen würde. Man kann sie sich aber auch als Schirmherrin auf einer Benefizgala vorstellen, weil sie Freundlichkeit und Seriosität zugleich ausstrahlt. Äußerlich ähnelt sie ein bisschen Loki Schmidt. Allerdings hat Christine Wedler hier genauso viel Macht wie der Mann, der neben ihr sitzt.

Es ist Hans Schick, ihr Geschäftspartner, ein Herr im braunen Jackett, der mit 77 Jahren eigentlich schon in Rente sein könnte. »Mit 60 bekam ich die Kündigung. Doch dann ging es erst richtig los«, sagt er und lacht wie jemand, der dem Schicksal ein Schnippchen geschlagen hat. Ihn und Wedler verbindet eine lange Geschichte. Zu DDR-Zeiten war er ihr Direktor, sie zählte zu seinen 750 Mitarbeitern. Heute sind sie gleichberechtigte Geschäftsführer der Firma, die nach neuen Wirkstoffen für Medikamente forscht. Er kümmert sich um die Forschung, sie macht das Management.

Christine Wedler wurde in einem Dorf im Harz geboren, studierte an der Berliner Humboldt-Universität und begann danach, am Zentralinstitut für organische Chemie der DDR-Akademie der Wissenschaften zu arbeiten. »Das war eine tolle Stelle«, sagt sie. »Die Aufgabe war anspruchs-voll.« Natürlich habe es rückblickend viele Beeinträchtigungen gegeben. Einige Chemikalien waren nur im Westen gegen Devisen zu bekommen. Manchmal habe sie lange darauf warten müssen. »Heute haben wir die innerhalb von 24 Stunden.« Der Zugang zu internationaler Fachliteratur sei eingeschränkt gewesen. Auch spezielle Geräte fehlten. »Doch die Atmosphäre war sehr kollegial«, sagt Wedler. »Angst um den Arbeitsplatz kannten wir nicht.« Sie klingt dabei nicht wehmütig. Sentimentalität ist nicht ihre Art.

»Wir haben uns mit den Gegebenheiten arrangiert und das Beste daraus gemacht – damals wie heute«, sagt Hans Schick, dem Ende der sechziger Jahre die Synthese einer wichtigen Schlüsselverbindung für die Herstellung der Anti-Baby-Pille gelang. Ein Verfahren, das heute noch weltweit genutzt wird. Als Direktor des Chemie-Instituts reiste er regelmäßig ins westliche Ausland, besuchte Tagungen in Schweden, England, USA und Japan. »Ich hatte die Wahl. Ich hätte auch gehen können«, sagt er. Manchmal, wenn er damals in Berlin über den Rosenthaler Platz ging, hörte er die West-U-Bahn unten im Schacht rumpeln. »Aber das war nicht unsere Sache. Nie hätte ich gedacht, dass wir damit mal fahren würden.«

Der Mauerfall überrascht Schick und Wedler. 1991 bangen sie zum ersten Mal um ihre Jobs. Die Gutachter kommen nach Adlershof. Im Auftrag des Wissenschaftsrats sollen sie die Ost-Forschung auf ihre Tauglichkeit prüfen, beurteilen, wer nach den Maßstäben der neuen Welt konkurrenzfähig ist. Von den ehemals 5500 Mitarbeitern der Akademie der Wissenschaften in Adlershof bleiben etwa 1500. Schick und Wedler sind darunter. Ihr Institut wird für erhaltenswert befunden, es bekommt einen neuen Namen: Institut für Angewandte Chemie (ACA). Sie haben die Evaluierung überstanden, sie sind motiviert. »Jetzt wollten wir zeigen, was wir draufhaben«, sagt Wedler.

Doch es kommt anders. Zwei Jahre später sind Wedler und Schick zum ersten Mal in ihrem Leben arbeitslos. Der Berliner Senat will sparen und kürzt die Mittel für das eben erst neugegründete Institut. Die Hälfte der Mitarbeiter muss gehen – trotz erfolgreicher Forschung. Christine Wedler versteht die Welt nicht mehr. Die Abfindung: ein halbes Monatsgehalt. Wedler ist Mitte 40, Schick 60 Jahre alt. Es ist das Jahr 1997. Die Arbeitslosenquote liegt in Berlin und den neuen Ländern bei 19,1 Prozent.

»Das war scheußlich«, sagt Christine Wedler. Die Ungewissheit belastete sie sehr. Was bringt die Zukunft? Was wird aus uns? Finden wir in unserem Alter noch einmal eine Stelle? Sie denkt dabei nicht nur an sich, sondern immer auch an ihre Kollegen, spricht von »wir« statt von »ich«. Ein bisschen ist sie immer noch empört. »Das waren Top-Leute«, sagt sie, »die konnten was.«

Zum 1. Juli 1997 schließt Christine Wedler mit diesen Kollegen die Tür zum Labor im Plattenbau ab. Zum letzten Mal, denkt sie. Sie ahnt nicht, dass sie ein paar Monate später zurückkehren werden. Eigentlich hätten sie die Räume leer übergeben sollen. Besenrein, so die Anordnung. »Das haben wir aber einfach nicht gemacht. Alles blieb stehen«, sagt Christine Wedler, und ein bisschen Trotz von damals schwingt in ihrer Stimme mit. Vermutlich war es auch dieser Trotz, der sie angetrieben hat, der sie gar nicht erst in Passivität verfallen ließ. Im Gegenteil. Arbeitslosengeld zu empfangen, das war ihr unangenehm. »Wir kannten das nicht, dass uns jemand Unterhalt zahlt«, sagt Christine

Wedler, die Mutter von zwei Söhnen ist. Sie will weiterarbeiten, so schnell wie möglich ein eigenes Forschungsprojekt auf die Beine stellen – auch für ihre ehemaligen Kollegen.

Auf einmal hat die Naturwissenschaftlerin nicht mehr mit Chemikalien zu tun, sondern mit Geld und Diplomatie. Sie muss Fördermittel und Verbündete auftreiben. Sie schreibt Briefe, kämpft sich durch Anträge, hängt am Telefon, fragt an, hakt nach, gibt nicht auf – bei der EU, beim Bund, dem Berliner Senat. »Sehr mühselig«, sagt sie. »Sie müssen 100 Leute fragen, um einen zu finden, der mit ihnen am selben Strick zieht.« Hans Schick bemüht sich zugleich um Kontakte zur Industrie, um Aufträge an Land zu ziehen. Er stößt dabei auch auf ideologischen Widerstand. Nicht selten schlägt dem ehemaligen DDR-Akademie-Direktor Skepsis entgegen. Christine Wedler macht zwei Fäuste, legt sie ans Kinn, kneift die Augen zusammen und sagt: »Aber wir wollten das unbedingt schaffen!«

Sie schaffen es, bekommen Geld von der EU. Nach neun Monaten Arbeitslosigkeit kehren die 46 ehemaligen Kollegen in die alten Laborräume zurück. Sie finden dort alles so vor, wie sie es verlassen haben. »Das war ein rauschhaftes Gefühl von Erfolg«, sagt Wedler. Doch sie weiß damals auch: Es ist nur eine Sicherheit auf Zeit. Als die Fördermittel nach zwei Jahren auslaufen, haben Schick und Wedler keine andere Wahl. Sie gründen ein eigenes Unternehmen. Aus der Not heraus, sagen sie. Sonst wären sie nie Unternehmer geworden.

Beide plündern ihre Sparkonten, ohne zu wissen, ob sich das auszahlen wird, oder ob sie alles verlieren werden. Aus der Beschäftigungsgesellschaft wird 2001 die »Angewandte Synthesechemie Adlershof«, kurz Asca. »Für das Geld, das wir damals unseren Mitarbeitern gezahlt haben, würden wir heute niemanden mehr kriegen«, sagt Christine Wedler. Aber die Leute seien froh gewesen, dass sie noch eine Chance bekamen. »Es hätte aber auch alles schiefgehen können«, betont Wedler.

Es geht gut, die Firma läuft – bis heute. Von Anfang an haben die beiden Gründer keine Schulden gemacht, nie Fremdkapital gebraucht. Heute hat die Firma 30 Mitarbeiter. Und wenn man sich in Adlershof Erfolgsgeschichten erzählt, fällt häufig ihr Name. Christine Wedler und Hans Schick sind zwei von vielen DDR-Forschern, die nach der Wende ihren Job verloren, nach Adlershof zurückkehrten und eine eigene Firma gründeten. Die Abgewickelten von damals sind heute Aushängeschilder der Wissenschaftsstadt Adlershof, mit der sich Berlin international brüstet.

Christine Wedler ist durch die Firma wohlhabender geworden. Sie mag Rotwein und guten Schinken, reist gern, auch wenn sie dafür nicht oft Zeit hat. Einmal saß sie an einem Hafen an der Ostsee und blickte auf die Jachten, die dort vor Anker lagen. »Will ich so eine Jacht haben?«, fragte sie sich eher rhetorisch. Nein, wollte sie nicht, will sie nicht.

Wenn sie verreist, bucht sie sich jetzt zwar ein Hotel, statt wie früher im Zelt zu schlafen. Doch Luxus ist ihr nicht besonders wichtig. Wenn es in der Firma gut läuft, ist sie zufrieden. Die Frage nach dem Lebensglück ist für sie nicht mit Geld zu beantworten. Etwas aus eigener Kraft geschafft zu haben, sagt sie, das mache glücklich.

Brust raus, Bauch rein

Heidi Wittwer war früher Stripperin und hieß Yasmyna.
Heute leitet sie eine Erotik-Tanzschule bei Leipzig.
Sie hat sich durchgesetzt im Leben und zeigt jetzt
anderen Frauen, wie das geht.

Von Rudolf Novotny

Die dralle Sünde wohnt auf dem platten Land. Eine Straße
führt zu ihr, gesäumt von Einfamilienhäusern, hinter denen sich Felder erstrecken. Die Straße sieht so aus, wie sie
heißt: Dorfstraße. Es gibt nicht viele Straßen hier in Threna,
nahe Leipzig. Dorfstraße Nummer 40 a ist ein gelbes Haus
auf grünem Rasen nebst blauschimmerndem Pool. Am
Zaun wirbt ein Schild für ein Fotostudio. Auf dem Schild
steht: »Geht nicht ist für mich ein Fremdwort.«

Man klingelt, wartet, dann erscheint die Frau, bei der alles geht. Ganz in Schwarz schreitet Heidi Wittwer über den
Rasen die Hofeinfahrt herunter. Ihr blondiertes Haar wird
zusammengehalten von einem Pferdeschwanz, ihre Taille
von einer Totenkopf-Gürtelschnalle. Die Strasssteine der
Schnalle blitzen in der Sonne. Neben Heidi Wittwer trabt
ein Hund von den Ausmaßen eines Kalbs her. Sie öffnet
das Tor. »Hallo, ich bin die Heidi«, sagt Wittwer. Und: »Der
Hund macht nichts.« Sie streichelt dem Kalb über den Kopf.
»Nüsch wahr, King? Bist mein Baby.« Der Hund keucht, die
Heidi seufzt. »Ganz schlecht geht's dem, er hatte die ganze
Nacht Magenkrämpfe. Aber er will trotzdem an meiner Sei-
te sein. Ich bin die Alphahündin.«

Heidi Wittwer. Alphahündin, Fotostudio-Besitzerin, Leiterin einer Erotik-Tanzschule, vor allem aber: Yasmyna, die
erste Stripperin der DDR. Wobei, ob sie wirklich die erste

war, das weiß niemand mehr so genau. Ganz sicher war sie allerdings die berühmteste. So berühmt, dass sie schon im Westfernsehen gezeigt wurde, als die Mauer noch stand. Die Nackedei-Karriere der Heidi Wittwer begann im Leipzig der achtziger Jahre mit einer Bewerbung zur Miss Karneval. Wittwer war damals Ende zwanzig und Fachverkäuferin für Rundfunk und Fernsehen in einem HO-Geschäft. Eine sehr hübsche Fachverkäuferin, deren Gesicht auch schon mal auf Werbeplakaten für Schönheitscremes prangte. Trotzdem glaubte Heidi Wittwer nicht an ihre Chance auf den Titel der Miss-Karneval.

»Die anderen Mädchen waren Grazien! Da sagte sogar mein Roné, mein Männel: Hier kannst du einpacken!« Bei der Erinnerung an die Kapitulation ihres Ronés schlägt Heidi Wittwer noch dreißig Jahre später so die Hände vor der Brust zusammen, dass es patscht. Das Patschen hallt durch eine Doppelgarage, die Foto- und Tanzstudio in einem ist. Ein samtig-dunkler Vorhang zerteilt das Studio, in dem sich Federboas um Kleiderstangen schlängeln und Perücken auf Köpfen von Schaufensterpuppen hängen. In einer Ecke stehen ein Spiegel und eine Säule aus Gips, daneben ein Schwarz-Weiß-Bild zweier halbnackter Frauen. Ein Heizpilz glüht vor sich her. Heidi Wittwer hat sich einen weißen Fransenmantel übergeworfen und thront auf einem Sessel mit floralem Muster. Sie sieht aus wie eine Königin. Sie hebt den Zeigefinger. »Aber da dachte ich mir: Heidili! Jetzt erst recht! Die fettest du alle ab!«

Heidi Wittwer fettet die Grazien so überzeugend ab, dass sie von einem Bekannten auf eine Kulturveranstaltung des FDGB eingeladen wird. Als Nummerngirl. Ausgerechnet sie, die in der Schule schon rot wurde, wenn ein Lehrer sie ansprach, die die Straßenseite wechselte, wenn ein Junge

sie anquatschte. »Ich hatte Gesichtslähmung, bevor ich da raus bin. Aber als ich auf der Bühne stand, sind die Leute ausgeflippt. Die haben getobt und gelacht. Im Osten gab's das ja nicht.« Bis dahin.

Ein Veranstaltungsmanager spricht sie an. »Der kümmerte sich nur um die ganz Großen wie Peter Maffay und Tina Turner.« Und um Heidi Wittwer. Mit seiner Hilfe macht sie sich auf, eine Marktlücke zu erobern. Offiziell gibt es zwar weder Stripperinnen noch Table Dance in der DDR, aber es gibt erotische Tanzdarbietungen. Sex als Opium für das Volk, das war wohl die inoffizielle Strategie der Partei.

Heidi Wittwer nutzt die Grauzone. Sie schaut sich die Tänzerinnen im Friedrichstadtpalast an und später dann die Videos der Popstars bei MTV. Sie übt vor dem heimischen Spiegel Tanzschritte. Die Kostüme für ihre Auftritte näht sie selbst. Ihre Paradenummer ist die Heidi von der Alm, bei der sie mit Melkschemel und aufgemalter Zahnlücke auf die Bühne kommt. »Das passte super, weil ich nicht nur Heidi heiße, sondern auch 'ne Lustische bin!« Heidi Wittwer grinst. »Außerdem wurde das Lied ›Heidi, wo sind deine Berge?‹ damals im Radio rauf und runter gespielt.«

Nicht alle finden ihre Auftritte zum Lachen. Die Funktionäre der Kultur- und Gastspieldirektion in Leipzig verweigern ihr die Einstufung als Künstlerin. Heidi Wittwer zeigt ihre Berge trotzdem im ganzen Land, auf Kulturveranstaltungen, aber auch auf der Messe in Leipzig. »Da habe ich Mucken gemacht wie blöde.« Nach der Messe kann sie sich einen Wartburg kaufen. Ihre Karriere nimmt Fahrt auf. Irgendwann meldet sich sogar die Gastspieldirektion wieder: Ob sie nicht vielleicht Lust auf eine Vorstellung im kleinen Rahmen hätte? Vor den Kulturfunktionären? Hat sie nicht.

»Die dachten, da kommt das kleine dumme Blondchen und macht sich für jeden nackisch! Von wegen,« sagt Heidi Wittwer. Sie hat sich durchgesetzt gegen alle Widerstände. Gegen die eigene Schüchternheit, gegen die Zweifel ihres Männels, gegen die grauen Funktionäre und gegen die Dynamik eines Gewerbes, das für Frauen meist nur Abhängigkeit oder Absturz bereithält. Wie viel Kraft dieser Job gekostet hat, ahnt man, wenn sie lacht, mit einer Stimme, die rau ist von all den durchgearbeiteten Nächten. Oder wenn sie sich vorbeugt, über den kleinen Tisch, der zwischen ihr und dem Reporter steht. Dann legt das Licht des Studioscheinwerfers die Spuren in ihrem Gesicht frei: die dunklen Schatten unter den Augen, die Falten um den Mund, das Hörgerät, das sich unauffällig ans Ohr klammert.

Schon bald kann sie die Anfragen nicht mehr allein bewältigen. Heidi Wittwer baut eine Tanztruppe auf. »Das waren meine Hühner und meine Hüpferlinge!« 20 Frauen und Männer und mittendrin sie selbst, als Yasmyna. Den Namen hat sie ausgewählt, weil der so einprägsam ist. Neben der Alm-Heidi tritt Yasmyna auch als Hexe und Helmut auf. Helmut Kohl. »Da bin ich mit Maske und dickem Bauch rausgekommen auf die Bühne. Im Nadelstreifenanzug! War'n aber alles Rupfklamotten.« Rupfklamotten? »Klamotten mit Druckknöpfen. Da musst du nur rupfen, dann ist alles weg.« Sie lacht. Lustisch.

Nur eine Nummer gibt Heidi Wittwer noch hingebungsvoller als die der Lustischen. Die Mutter der Kompanie, die ihre Hüpferlinge vor den Gefahren des Gewerbes beschützt. Wenn sie davon erzählt, klingt das so: »Wir tanzen auf Hochzeiten, Geburtstagen und in Festzelten, aber selten in Diskotheken. Da wird man häufig beschimpft – das will ich meinen Hühnern ersparen.« Oder so: »Immer sauber bleiben, habe ich meinen Hühnern eingeimpft! Wir arbeiten nur als Tänzerinnen. Und wehe, die halten sich nicht dran.«

Heidi Wittwer hat ganz genaue Vorstellungen vom Ausziehen, von dem, was geht und was nicht geht. »Offene Küche«, geht zum Beispiel gar nicht. »Posen, bei denen man bis zum Hals gucken kann.« Was auch nicht geht: »Wenn sich die Mädels auf einen Mann druff drücken mit ihren Teilen.« Billig sei das, sagt Heidi Wittwer. »Nicht erotisch!«

Bei ihrer Truppe laufen solche Auftritte ganz anders ab. Da machen Hexen und Teufel und Pyrotechnik für eine knappe Stunde Programm. Zehn durchchoreographierte Minuten dauert es, bis aus einem Hüpferling eine Nackische wird. Drei Teile hat so eine Auszieh-Nummer. Im ersten Teil erobert der Tänzer mit Action das Publikum. Im zweiten Teil lässt er die Zuschauer ahnen, dass es um mehr geht als ums Tanzen. »Teil drei ist dann die ärodische Phase.« Heidi Wittwer grinst. »Ä-R-O-D-I-S-C-H. Hast du das schön sächsisch aufgeschrieben?«

Erotik auf Sächsisch. Es ist die neue Marktlücke der Heidi Wittwer. Eine, die sie kurz nach dem Fall der Mauer entdeckte, als das Tanz-Geschäft plötzlich nicht mehr lief, weil das Leben teuer wurde und die Arbeit knapp. So wie überall in der ehemaligen DDR. Wer nicht bankrott ging, wurde vom Westen aufgefressen. Nur jene, die sich anpassten und zugleich als unersetzbar inszenierten, haben diese Zeit überlebt. Als Marke, die erhalten werden muss: Nudossi, Spreewald-Gurken, das Ampelmännchen. Auch Heidi Wittwer ist zur Marke geworden. Die patente Ostfrau mit großem Herzen, über die RTL berichtet und ProSieben, die man sogar zu Jörg Pilawa in die Quizsendung schicken kann. Eine liebenswerte Mischung aus Muttertier und Puff-

mutter, die eine Erotik auftischt, so deftig, saftig und ehrlich wie ein Stück Landschinken.

Manchmal ahnt man, dass diese Rolle mehr ist als nur
eine Rolle. Wenn Heidi Wittwer dem Reporter Kaffee und
Kekse auf den Tisch stellt, damit er was zu essen bekommt.
Oder wenn sie klagt, wie einst das Geld nicht mehr reichte, um die Proben ihrer Hüpferlinge zu bezahlen, wie alles
auseinanderfiel. »Das Zwischenmenschliche zählte nicht
mehr, es ging nur noch ums Geld.« Sie klingt in diesen Momenten ein bisschen nach Linkspartei.

Manchmal sagt sie aber auch Sätze, die verraten, dass
diese Rolle da aufhört, wo das Geschäft anfängt. Zum Beispiel, wenn sie von Angelique erzählt, die bei ihr das Strip-
pen lernte. »Ihr Typ hat sie zu mir gebracht. Der hatte sie
mit 17 aus Brasilien weggeholt, geschwängert und dann so
dicke Dinger dranmachen lassen.« Heidi Wittwer hält die
Hände vor die Brüste. Angelique sollte Pornodarstellerin
werden. Obwohl sie nicht wollte. »Die wollte auch nicht zurück zu dem Typen. Aber was sollst du machen?« Nichts.
Außer ihr beizubringen, wie man sich richtig auszieht. Äro-
disch.

Sich selbst ausgezogen hat Heidi Wittwer zum letzten
Mal mit 48. Auch schon wieder ein paar Jahre her. Eine feste Tanztruppe hat sie nicht mehr, die Hüpferlinge arbeiten
auf Zuruf. Ihr Hauptgeschäft ist es nun, anderen beizubringen, wie man sich hübsch nackig macht. Hier in dieser Garage. Heidi Wittwer ist Geschäftsführerin der Erotik-Dance-
Schule. Der Reporter könne bei so einer Lehrstunde gern
zuschauen, hat sie gesagt. »Gegen Bezahlung.« Man hat
nicht gezahlt. Weshalb sich die Sache mit der Lehrstunde
auf Erzählungen beschränken muss. Zum Beispiel auf die
von der Geschäftsfrau aus München, die sich schon ausge-

zogen hatte, als Wittwer ins Studio kam. Oder die von dem 60-Jährigen, der etwas exhibitionistisch veranlagt war.

Ihre Schüler sind meist Frauen, meist zwischen 40 und 50, meist länger verheiratet und auf der Suche nach neuem Schwung. »So ein Striptease ist kein Allheilmittel«, sagt Heidi Wittwer, aber hilfreich sei er schon. »Alleine, weil sich die Partner nie vorstellen können, dass der Schatz oder die Maus so etwas für sie machen würde.« Zehn Einzelstunden à 40 Euro nimmt ein Grundkurs in Anspruch. Jede Teilnehmerin erhält eine Musik und die Aufgabe, sich eine Geschichte für das Ausziehen auszudenken. Am Ende steht eine Choreographie von acht Minuten. Der Striptease für den Hausgebrauch, sagt Heidi Wittwer. Aber es gehe um mehr als ums Ausziehen.

»Bei mir erfahren die Frauen, wie ihr Körper funktioniert. Da hängt nämlich alles, weil niemand sagt, dass sie sich gerade hinstellen sollen!« Niemand außer Heidi Wittwer. Die sagt: Brust raus, Bauch rein! Du musst untenrum geschmeidig sein! Steck deine Füße nicht in solche Waldbrandaustreter! Körperbewusstsein! »Die Leute glauben, dass man mit Geld alles kaufen kann. Doch das hier ist Arbeit.«

Wittwer erzählt von Gewichtsproblemen und überheblichen Junghühnern, von Menschen, die ganz neue Muskeln entdecken. »Die Frauen lernen sich selbst kennen«, sagt sie und steht auf. Sie zieht den Kopf zwischen die Schultern, hält die Hände vor das Gesicht, piepst: »Hallo Frau Wittwer, ich möchte einen Kurs buchen.« So kämen die Frauen zu ihr, sagt Heidi Wittwer. Wenn sie aber gingen, sähe das ganz anders aus. Sie stemmt die Hände in die Hüften, dreht den Oberkörper zur Seite und wirft den Kopf in den Nacken. Dann raunt sie: »Hallo Heidi, wann sehen wir uns wieder?« Augenaufschlag. Ihre Totenkopf-Gürtelschnalle funkelt. Heidi Wittwer steht jetzt voll im Licht des Studioscheinwerfers. Man sieht keine Falten und kein Hörgerät. Man sieht Yasmyna.

Heimat ist Heimat

In der DDR ist Ingolf Kühn Lastwagen gefahren.
Nach der Wende wurde er Airbrush-Künstler – und damit
reich. Die Bodenhaftung hat er trotzdem nicht verloren.
Höchstens ein kleines bisschen.

Von Frederik Bombosch

Einmal hat Ingolf Kühn den Röhrich noch getroffen. Röhrich, der ihn getriezt hatte. Der ihm die Fernfahrten verboten hatte, weil Kühn einem Lkw-Fahrer aus dem Westen nach einem Unfall auf der Transitautobahn Erste Hilfe geleistet hatte. Ingolf Kühn wurde strafversetzt, ein halbes Jahr lang musste er Kipper fahren. Und nun stand Röhrich, der ihn bei der Stasi angeschissen hatte, also vor ihm. Er hat sich tatsächlich entschuldigt. »Sie wissen ja, wie die Zeit war.« Und dann hat er noch gesagt: »Was aus Ihnen geworden ist, Respekt.«

Als sich das alles zutrug mit dem Röhrich, in den siebziger und achtziger Jahren, war Cottbus noch von Kohlestaub überzogen, und Ingolf Kühn war noch kein international bekannter Airbrush-Künstler und Maler, sondern Kraftfahrer. Das Haus am westlichen Rand der Innenstadt, in dem er heute wohnt, war zu dieser Zeit noch ein volkseigenes Schnapslager. Rundherum standen Fabriken und Baracken. Die meisten sind längst abgeräumt, stattdessen wurden schicke Apartmenthäuser mit großen Fenstern errichtet.

Ingolf Kühn hat das Schnapslager, das eigentlich ein einfacher Beton-Zweckbau ist, in ein Fantasiereich verwandelt. Unten in dem großen Raum, dem man das Lagerhaus noch anmerkt, stehen einige seiner Motorräder, darunter eine Harley Chopper, die er selbst besprüht hat. An der Wand

hängen einige seiner großformatigen abstrakten Werke. In der einen Ecke ist eine Bar, an der anderen Seite des Raumes hat er einen Bereich, in dem er manchmal arbeitet. Gerade steht ein Jeep dort, den er lackieren wird. »Nicht schlecht, oder?«, fragt er. Eine ganze Kongressgesellschaft hatte er hier schon zu Besuch, Mediziner. Als Ehrengast hatten sie Sigmund Jähn dabei. Der saß an Kühns Bar und sagte zu ihm: »Ich bin Kommunist, und ich werde immer Kommunist bleiben.«

Eine steile Treppe führt ins Obergeschoss. Durch einen dunklen Flur gelangt man – wenn die Deutsche Dogge einen lässt – in ein riesiges Wohnzimmer, eingerichtet mit Barock- und Biedermeier-Möbeln, auf einer Empore steht ein Doppelbett mit samtrotem Überzug. Harald Glööckler hätte seine helle Freude. Ingolf Kühn holt Kaffee und Kuchen aus der Küche und setzt sich in einen der Sessel. »Herr Bombosch«, sagt er, »Sie sind der Erste von der Presse, den ich hier reinlasse.«

Er liebt sein Haus. Und er scheint immer noch darüber zu staunen, was aus ihm geworden ist seit 1990. Was alles geht, wenn man es will und so viel Glück hat wie er. Vor Kurzem war er wieder in Abu Dhabi, bei Scheich Hamad bin Hamdan Al Nahyan, seinem Freund und Förderer. 2004 hatte er dort seine erste Präsentation. »Ich war der erste Künstler überhaupt, der da abstrakt ausgestellt hat.« Jetzt will das Guggenheim in Abu Dhabi ihm eine Schau widmen. »Ich kann hinkommen, wo ich will. Die Leute sehen meine Bilder und sind begeistert. Das ist schön, Anerkennung zu bekommen.«

Vom Röhrich und von den Kollegen hat er damals keine Anerkennung bekommen. »Du mit deinen Feindmanieren«, haben sie zu ihm gesagt. Oder: »Kühn, der Spinner.«

Zum Beispiel, als er mal am Wochenende, als keiner im Betrieb war, Rallyestreifen auf seinen grünen Sattelschlepper gespritzt hatte. »So wie ich das auf der Transitautobahn an den West-Lkws gesehen hatte.« Kühn fand den Laster schöner hinterher. Röhrich schäumte vor Wut: klassenfeindliche Streifen am volkseigenen Lkw. Kühn musste das Fahrerhaus neu lackieren. Touren in den Westen durfte er sowieso nicht fahren, obwohl er das beantragt hatte.

So einer wie Ingolf Kühn war suspekt in der DDR. Dabei wollte er gar nicht weg. »Ich hänge an meiner Heimat. Ich hatte nie die Absicht, stiften zu gehen.« Und politisch betätigt habe er sich schon gar nicht, zu gefährlich. Er hat nicht für die Freiheit gekämpft, er hat sie sich einfach genommen, wo immer es gerade ging. Zum Beispiel beim Kämpfen. Als Jugendlicher in seinem Geburtsstädtchen Vetschau im Spreewald war er der Anführer, wenn sie sich wieder geprügelt haben mit den Jungs aus der Nachbarstadt Calau. Später hat er mit Judo angefangen, er hat alle Gürtel, wenn ihm einer dumm kommt, dann legt er den heute noch aufs Kreuz. Und er entdeckte in der grauen DDR das Malen. Eigene Motive waren es damals noch nicht. »Ich hab lieber meine Rembrandts gemalt und die auf dem Flohmarkt verkauft, das war meine Nische.«

Wie wird aus einem Kunstfälscher ein Künstler? Wie wird man vom Kraftfahrer zum Scheich-Freund? Welcher Weg führt von Cottbus nach Abu Dhabi?

Bei Ingolf Kühn fing es mit einem Schlamassel an. Eigentlich war seine Überlegung ja richtig gewesen. 1990 hatten die Ostdeutschen die Freiheit und die D-Mark bekommen. Was brauchten sie jetzt? Zum Beispiel schöne Autos, dachte er sich. Richtig fette Schlitten, in denen sich die Freiheit genießen lässt. Also fuhr er in die USA, um welche zu kaufen.

Nicht irgendwohin, sondern nach Miami, Florida. Er hatte sich vorher schlau gemacht. »Da ist viel Sonne, da haben die nicht so viel Rost.«

200 000 Mark hatte er sich geliehen. Es sollte sein erstes großes Geschäft werden. Doch es endete im Fiasko. Der Container mit Ersatzteilen, den er gekauft hatte, kam leer in Cottbus an. Und große Ami-Schlitten wollte keiner haben, so viel Westen wollten die Lausitzer dann doch nicht. Da stand er dann mit seinen Wagen und wartete und wartete auf Käufer. Der Kredit hat ihn am Ende ein Vielfaches gekostet, weil er in Verzug geriet mit den Raten. Aber ihm kam eine Idee. Er bemalte die Motorhaube eines Ford zur Probe. Airbrush, die fast pixelfeine Sprühtechnik, war damals groß in Mode. Es funktionierte. Er wurde den Ford kurz darauf los. Und er bekam danach einen Job in einer Lackiererei.

Das war der Beginn des Nachwende-Märchens von Ingolf Kühn. Von jetzt an war er besessen. In München machte er einen Lehrgang bei dem Lackkünstler und Designer Walter Maurer. Und dann traute er sich was. »Ich bin zum Autohaus Schulze gegangen« – das ist der Cottbusser VW-Händler – »und hab gesagt, gebt mir mal ein Auto, das bemale ich.« Beim Autohaus Schulze waren sie so begeistert von seinen Arbeiten, dass sie ihm tatsächlich ein Auto gaben, einen VW-Transporter. Den besprühte er, und dann fragte er bei der VW-Zentrale, ob sie sich das mal anschauen wollten. Wollten sie. Einer der Manager empfing Kühn mit seinem bunten T2. Er hatte ihn mit Motiven aus »Krieg der Sterne« besprüht. »Der guckte sich das an und sagte: »Junge, Junge!« Kühn war im Geschäft. Es folgten weitere Aufträge: von VW, von einem Wohnmobilhersteller, für den er bis heute arbeitet, vom Phantasialand, dem Freizeitpark in der Nähe von Köln, von der Telekom, von der Allianz, von so vielen anderen. Er malte Tag und Nacht. »Ich habe hart gearbeitet. Wenn andere am Sonntag bei ihren Weibern gesessen haben, da hab ich 16 Stunden durchgezogen.«

Es waren gerade mal vier Jahre seit dem Mauerfall vergangen, da kam der Anruf aus den Arabischen Emiraten. Auf einer Off-Road-Ausstellung war ein Toyota-Geländewagen gezeigt worden, den Kühn bemalt hatte mit Motiven aus der japanischen Geschichte. Eine Gruppe aus Abu Dhabi sah das Auto, so etwas wollten sie auch. Kurz darauf saß Ingolf Kühn auf weichen Kissen im Palast des Scheichs.

An dieser Stelle hätte er die Bodenhaftung verlieren können. Hat er vielleicht auch. Aber eben wirklich nur ein kleines bisschen, sodass er ein wenig über den Dingen schweben kann, um sich über alles zu freuen, was er sieht. Der Scheich bot ihm an, nach Abu Dhabi zu ziehen. Aber das wollte Kühn nicht. Lieber ist er in Cottbus geblieben, schon wegen seiner Freundin, mit der er seit 35 Jahren zusammen ist. Fragt man ihn über die Stadt, dann klingt es fast, als sei Cottbus das Abu Dhabi der Lausitz. »Hier ist so viel gebaut worden, das ist schon beeindruckend«, sagt er. Und überhaupt, Heimat ist Heimat. Darum ist er ja auch damals schon nicht weggegangen, als Cottbus noch Bezirksstadt war und die DDR noch ein Staat und keine Projektionsfläche für verlorene Träume.

Kühn hat kein verklärtes Bild von der DDR, auch kein verzerrtes. »Klar haben wir gekotzt. Aber ich hab es gut gehabt in der DDR.« Er wollte damals einfach nur seine Ruhe und in Ruhe gelassen werden, sagt er. Und meistens ist ihm das auch gelungen. Und danach? Da hatte er es noch besser. Er hat Joe Cocker getroffen, Siegfried und Roy, sogar Michael Jackson. Er als Ostdeutscher, diese Dimension, das müsse man sich mal vorstellen, sagt er. »Ich bin ein richtiger Wendegewinner.« Und das Alte sei eben vorbei, und vieles sei auch einfach schlecht gewesen. Dass manche Leute heute noch mit einem Trabant durch die Gegend fahren, das versteht er nicht. Selbst fährt er eine silberne S-Klasse. Darauf sind dann wieder Leute neidisch.

»Das ist mein Hauptproblem, der Neid«, sagt Kühn. Cottbus kann sehr klein sein und so gar nicht wie Abu Dhabi. Von seinen Freunden kommen längst nicht alle so gut in der neuen Zeit zurecht wie er. Seine Freunde sind sie geblieben.

Aber warum ist ihm alles so gut gelungen und so vielen anderen nicht? Ingolf Kühn weiß es nicht. Manche Regeln der neuen Zeit hat er wohl einfach gleich verstanden, intuitiv. In den Neunzigern, als er schon die ersten Erfolge gehabt hatte, wollte er auch ein bisschen Ruhm, er wollte in die Presse. Also hat er zusammen mit seinem damaligen Partner ein Auto für den Tierpark lackiert. »Mein Partner meinte, die sollen den Lack zahlen. Ich habe gesagt, wenn ich sponsere, dann richtig. Und dann kamen die Zeitung und der ORB und haben berichtet. Und da dachte ich: Das geht ja ganz einfach.« Und auch sonst ging so vieles so einfach. »Ich habe immer nur gute Leute getroffen«, sagt er. Niemand wollte ihm ernsthaft Böses, niemand legte ihn rein. Und das ist seine einzige richtige Angst, sagt er. Dass sein Glück aufhört. Dass die Menschen seine Bilder nicht mehr sehen wollen. Einer seiner Nachbarn ist auch Maler, der hat sein ganzes Atelier voller Bilder, weil er so selten was verkauft.

Ingolf Kühn ist jetzt über 60, aber er will noch lange weitermachen. Er muss, sagt er. »Ich habe so viel Kraft, darum leuchten die Farben so sehr.« Wenn er seine abstrakten

Werke ausstellt, fragt er die Zuschauer manchmal, was sie sehen. Jeder erzählt ihm etwas anderes. Und wenn sie über seine Bilder sprechen, dann sprechen sie ja auch über ihn und erzählen ihm Dinge, die Ingolf Kühn vielleicht nie erfahren hätte, gäbe es die DDR noch.

Immer mal überraschen

Felix Menzel ist ein exzellenter Ringer, für Luckenwalde
kämpft er in der Bundesliga.
Doch davon kann man nicht leben. Also arbeitet
er Vollzeit. Und studiert auch noch.

Von Karin Bühler

Bamm! Bamm, bamm! Was für ein Lärm. Felix Menzel
knallt zwei dicke, an der Sprossenwand festgehakte Seile
auf den Mattenboden. Bamm! Bamm, bamm! Die Seile, die
aussehen wie Lianen, wellen sich. Ihr Federeffekt fordert
die kleinen Muskelgruppen an Armen und Schultern. Die
Übung ist eine Ganzkörpertortur. Schweiß tropft dem Ringer Menzel von der Stirn.

Felix Menzel, 27 Jahre alt, braune Augen, kräftiger Nacken, kurze Sporthose, ist Kapitän des 1. Luckenwalder SC
in der Bundesliga. Seit 1990 kämpften die Luckenwalder als
einziger deutscher Verein ununterbrochen in der Ersten
Liga. Wer Menzel beim Training beobachten will, der muss
suchen.

Vom alten Stadion an der Mozartstraße in Luckenwalde
sind nur noch Mauerstücke zu sehen, der Rest ist vom Gras
überwuchert. Die Garagentore am Fliederweg nebenan hat
jemand mit Graffiti besprüht, dahinter liegt die Ruine der
ehemaligen Klavierfabrik VEB Deutsche Piano-Union. Ein
paar Meter weiter führt eine Treppe zum Eingang der Ringerhalle. Sie liegt auf der Rückseite der Fläming-Therme im
Sportkomplex Mozartstraße am Hang. Dort, im Trainings-
raum, Parterre, schlägt Felix Menzel mit den Seilen, dort
schwitzt er, bis auch sein Trikot nass geschwitzt ist.

»Es ist so 'ne Hassliebe«, sagt er, wenn er vom Ringen

spricht. »Man kommt oft an den Punkt, an dem man sich fragt: Warum macht man den Blödsinn? Denn es zehrt körperlich sehr aus. Man muss Kondition trainieren, Kraft, Technik, Taktik – auch die Psyche wird in Anspruch genommen, weil es ja auch irgendwo ein Kampf um Leben und Tod ist. Natürlich nicht nach den Regeln, aber psychisch setzt man sich schon unter Druck.« Ein Sieg, meint Menzel, hängt zu 50 Prozent von der Psyche ab.

Im Leistungssport fügen sich die Dinge klar. Es gilt der binäre Code: Gewinner oder Verlierer. Und dazwischen? Tja. Dazwischen ließe sich wohl die Athletenkarriere von Felix Menzel einordnen.

Er galt lange Zeit als eines der größten deutschen Talente im Freistilringen. 2006 wurde er in der Gewichtsklasse bis 66 Kilogramm Junioren-Europameister. Im Foyer der Luckenwalder Ringerhalle hängt ein gerahmtes Foto, auf dem Menzel stolz den Pokal in die Höhe hält, den er damals in Szombathely gewann. Er war 19 Jahre alt.

Seine Eltern waren zu den Wettkämpfen nach Ungarn mitgereist. Sie saßen auf der Tribüne. »Mein Vater ist eigentlich ein Zurückhaltender. Es hat mich schon gerührt, als ich Europameister wurde und er saß oben in der Ecke. Da habe ich ein paar Tränen gesehen, nach dem Motto: Ich habe seinen Traum weitergelebt«, sagt Felix Menzel.

Sein Vater, Ralf Menzel, war in seiner Jugend ebenfalls Ringer. Griechisch-römisch. Luckenwalde. Sportinternat. Doch ein Motorradunfall hatte seine Sportkarriere 1983 abrupt beendet. Ralf Menzel verlor einen Teil seines Beins. Damals war er 19 Jahre alt – und kurz davor durchzustarten.

Nach dem Europameistertitel von Sombathely sah es so aus, als holte sein Sohn die Triumphe auf der Ringermatte eine Generation später nach. Jawohl, jetzt würde Felix durchstarten. Der Junge, der den Sport mit sieben Jahren beim SV Luftfahrt Berlin begonnen hatte, weil ihm sein Schulfreund im Bus erzählte, er fahre jetzt zum Ringertraining. Allerdings bemerkte er nach dem Erfolg von Sombathely früh: »Die deutsche Sportförderung ist das Letzte, wenn man sie mit anderen Ländern vergleicht. Es gibt Dritte-Welt-Länder, die mehr in die Sportförderung stecken als die Bundesrepublik.«

Er war nach dem Sieg bei den Europameisterschaften mit türkischen Ringern im Trainingslager. Einer der Türken, der in einer anderen Gewichtsklasse Europameister geworden war, fragte ihn, was er denn für den EM-Titel bekommen habe. »Von der Stadt 'nen 25-Euro-Gutschein und so ein kleines Büchlein«, antwortete Felix Menzel. »Der dachte, ich verarsche ihn. Denn er hatte 25 000 Dollar bekommen für seinen Titel und monatlich ein- oder zweitausend Euro Gehalt als Profi.«

Und so ist es nicht zuletzt dem deutschen Sportsystem und dessen Schwerfälligkeit geschuldet, dass Felix Menzel bisher nur bis zu einem gewissen Punkt triumphiert hat. Er wurde Berliner Meister, wechselte nach einem Jahr am Archenhold-Gymnasium in Berlin-Treptow aufs Sportinternat nach Luckenwalde, nahm an den Junioren-Weltmeisterschaften in Guatemala und China teil, 2008 an den Europameisterschaften in Finnland. Er wurde vier Mal hintereinander Deutscher Meister bei den Männern. Die Qualifikation für die Olympischen Spiele 2008 in Peking verpasste er knapp. Und plötzlich stand eine Entscheidung an. »Mit dem Ringen verdient man natürlich nicht sein Geld. Selbst wenn man ein guter Profi ist, einer der Besten, kann man in Deutschland gerade so über die Runden kommen und sparen schon gar nicht«, überlegte er. »Und wenn man dann zu alt fürs Ringen oder verletzt ist, ist keiner da, der einem alles bezahlt. Also das Leben.«

Felix Menzel rang mit sich. Mit seiner Entscheidung. Sport oder Beruf? Beruf oder Sport? Wie sollte er die Zukunft anpacken? In der Sportfördergruppe der Bundeswehr? Aber da hätte er nach Schifferstadt gemusst. Das sah das Konzept des Deutschen Ringerbundes vor. Aber einer wie Menzel, in der Ringerhochburg Luckenwalde sozialisiert, unter der Achsel ein Tattoo mit dem Brandenburger Adler und dem Berliner Bären, geht nicht einfach in die Ringerhochburg in der Vorderpfalz, weil er nur so ins Verbandsschema passt. Zumal er bei Trainingslagern festgestellt hatte, dass in der Rhein-Neckar-Region vieles anders ablief als in Luckenwalde, wo im Sport »natürlich immer noch ein Hauch DDR dabei ist. Unsere Trainer haben noch Drill dabei. Drüben haben die Athleten weniger Respekt. Man duzt sich zum Beispiel. Hier sagt man noch Sie zum Trainer, auch wenn man sich ewig kennt.«

Das Umfeld in Schifferstadt behagte ihm nicht. Also machte er das, was ihn auf der Matte auszeichnet. Etwas Unorthodoxes. So wie beim Hüftwurf, aus dem er sich bei Wettkämpfen gern windet und ihn dann zu seinen Gunsten nutzt. »Ich habe mich auf mich selber verlassen«, sagt Menzel. Nach einem Jahr Zivildienst in Leipzig bewarb er sich in Berlin für ein Dualstudium der Wirtschaftsinformatik. Er wurde genommen. »Da habe ich den Vertrag unterschrieben und mich in andere Hände begeben.«

»Felix ist sehr intelligent. Er kann weiter über den Tellerrand gucken als manch anderer und hat sich gefragt: Was ist sinnvoll für mich? Er hat sich eben für die berufliche Schiene entschlossen. Enttäuscht ist man da schon«, sagt der Luckenwalder Stützpunkttrainer Heiko Röll. Er hat sich in der Trainingshalle, Parterre, auf einen Kasten gesetzt. Sonnenstrahlen fallen durch die Fensterfront. Röll beobachtet das Krafttraining, ab und zu ruft er ein Kommando, das sich anhört wie Gebell. Röll war früher Fliegengewichtler, mehrfacher DDR-Meister. 1981 kam er aus Leipzig nach Luckenwalde und rieb sich für Dynamo auf, ehe er Vereinstrainer wurde.

Röll sieht die Defizite, die das jetzige System hervorgerufen hat: zu wenig Absicherung für die Athleten, zu wenig Geld, zu wenig Aufmerksamkeit, zu wenig gesellschaftliche Akzeptanz, zu geringe Trainingsumfänge. Er hat gelernt, damit umzugehen, aber man sieht ihm an, dass es ihn Kraft gekostet hat. Zu oft schon hat er Talente auf dem Weg in die Weltspitze verloren. Wenn sie in Luckenwalde von der Eliteschule des Sports ins Oberstufenzentrum wechseln, sagt Röll, nehme die Zeit, die sie ins Training investieren können, ab. Sie sollte aber eigentlich zunehmen. »Das ist so ein bisschen das Schlechte an unserem System. Wer nicht genug trainieren kann, ist auf verlorenem Posten, wenn er international angreifen will. Das sehen die Sportler selber. Dann sagen sie: Okay, wir machen ein bisschen Bundesliga. Das war's. Woanders kommen wir nicht ran. Die internationale Konkurrenz im Ringen ist so groß geworden.«

Die Athleten, die sich als Sportsoldaten, Feuerwehrleute oder über den Polizeidienst absichern und fürs Training freigestellt werden, sind Ausnahmen. »Wir haben uns mit Felix schon öfter zusammengesetzt und gefragt: Machst du das bis zu Olympia? Bupp, und dann kamen wieder das Studium oder der Beruf dazwischen«, erläutert Röll.

Felix Menzel hat jetzt eine 15-Kilo-Hantel in jeder Hand. Er reißt die Arme abwechselnd hoch und keucht dabei. Seine Entscheidung bedeutete: mehr berufliche Sicherheit, weniger Zeit zum Trainieren und den Verzicht auf die internationale Karriere. Auf Olympia. Menzels Geschichte erklärt auch, warum es der Ringersport in Luckenwalde seit den Wendejahren nie mehr geschafft hat, im Männerbereich an die Erfolge der DDR-Zeit anzuknüpfen, obwohl es an erfolgreichen Junioren nicht mangelt.

Oben, im Foyer der Halle, hüpfen ein paar Jungs durch den Gang. Sie kommen vom Duschen, haben Handtücher um die Hüften gewickelt. Auf dem Weg in ihre Kabine können sie an der Wand Fotos ihrer Luckenwalder Vorbilder sehen: Klaus Pohl, Europameister 1966; Hans-Dieter Brüchert, Olympiasilber 1976; Heiko Balz, Olympiasilber 1992. Danach kamen keine internationalen Medaillen mehr nach Luckenwalde. Dennoch hält man hier zusammen. Mehr als 100 Jahre Tradition sind der Kitt. Es ist ein spezielles Milieu, eine Gemeinschaft von Männern mit Blumenkohlohren. Sie alle betreiben den Kampf- und Kraftsport, der bereits in der Antike zu den Olympischen Spielen gehörte. Nach dem drohenden Rauswurf aus dem olympischen Programm und einer eiligen Reform ist das Ringen bis auf Weiteres olympisch. Doch die Zeiten haben sich geändert.

Als Heiko Röll und Felix' Vater Ralf Menzel aktiv waren, hatte das Ringen eine andere Funktion. In Luckenwalde gab es damals Industrie und Gewerbe. Der VEB Feuerlöschgerätewerk, der VEB Hutmoden oder der VEB Piano-Union produzierten noch. Vater Menzel nahm an den Jugendwettkämpfen der Freundschaft teil. Schulferien kannte er nicht, die bestanden aus Trainingslagern. Im Sportinternat saß ein Wachmann, der kontrollierte, ob alle beizeiten auf ihren Zimmern waren. Zweimal die Woche, erinnert sich Ralf Menzel, habe er damals Ausgang bis 22 Uhr gehabt. Dann ging es in die Stadt zu »Schumanns Ella« oder in eine andere Kneipe. Wie man sich in Luckenwalde erzählt, waren die Ringer aus dem Internat besonders bei den Frauen aus der Putenranch angesagt; so nannte man die Krankenschwestern-Schule im Ort.

»Das sind damals eben andere Bedingungen gewesen. Dem muss man nicht nachtrauern«, sagt Ralf Menzel. Zumal die anderen Zeiten auch welche waren, in denen Ringer wie Roland Gehrke, 1981 Weltmeister im Freistil, mit Dynamo Luckenwalde elf Mal hintereinander DDR-Meister und später Cheftrainer, als »IM Siegfried« fleißig Berichte an die Stasi schrieben.

»Es fehlt zwischen damals und heute irgendwo der Vergleich«, meint Felix Menzel. Er haut jetzt wieder mit den Seilen auf den Mattenboden. Sein Bamm! Bamm, bamm! übertönt die leise Loungemusik aus dem CD-Spieler. An der Tür klebt ein Zettel: »Achtung – Bitte keine Schuhe, Taschen, Handtücher in der Umkleide und im Mattensaal liegen lassen. Die Reinigungsfirma hat große Probleme zu reinigen.« Und von den kleinen Problemen ist es nicht weit zu den größeren. »Ringen ist eine Randsportart. Es interessiert sich keiner mehr dafür«, sagt Felix Menzel. »Aber der Anspruch, Medaillen zu gewinnen, ist in Deutschland nach wie vor so hoch wie früher.«

Er arbeitet nun seit ein paar Monaten in der Kreisverwaltung von Luckenwalde als IT-Sicherheitsbeauftragter des Landkreises Teltow-Fläming. Vollzeit. Nach dem Bachelor hat er ein Master-Studium begonnen. Im September startet die Bundesligasaison, und Felix Menzel hat vor, die Ringer erneut Wochenende für Wochenende durch die Kämpfe zu führen. Er ist der Älteste im Team. Der Erfahrenste. Aber ihm fehlt jetzt manchmal die Kondition. Um sich in der Weltspitze zu behaupten, müsste er mindestens

20 Stunden pro Woche aufwenden. Er schaffte zuletzt zehn neben Beruf und Studium. »Und mit zehn Wochenstunden Training, da reißte nix«, sagt Röll.

Dennoch hat der Bundestrainer Felix Menzel für die Nationalmannschaft nominiert. 2016 finden Olympische Spiele in Rio de Janeiro statt. Vermutlich aber ohne Menzel. Auch wenn sein Luckenwalder Trainer die Möglichkeit nicht kategorisch ausschließen mag: »Felix macht Bewegungen, die kann man nicht lernen. Das macht ihn so gefährlich, so unbequem.« Felix Menzel sagt: »Ich sorge immer mal wieder für eine Überraschung. Situationen erkennen und was draus machen, kann ich ganz gut.« Auf der Ringermatte. Und im normalen Leben.

Der sorglose Abenteurer

Rolfeckhard Giermann war mal Handelsattaché der DDR im Irak und Geschäftsmann zwischen den Systemen. Heute bewegt sich der Mathematiker gekonnt in der Welt der freien Wirtschaft.

Von Jochen Knoblach

Es ist schon spät. Gleich wird die Sonne drüben hinter dem Giebel verschwunden sein, und spätestens dann wird Rolfeckhard Giermann endgültig seine innere Ruhe verloren haben. Im Minutentakt schaut er zu der großen Uhr über seinem Schreibtisch. Er will los. Vor dem Haus stehen Minivan und Anhänger startbereit für eine 400-Kilometer-Tour nach Bremen. Dort muss Giermann »was holen«, wie er sagt. Und in ein paar Tagen wird er zurück sein, und ein kaum genutzter Siemens-Zahnarztstuhl wird zusammen mit einigem Praxismobiliar den großen Raum neben der Garage blockieren. Wieder einmal muss das Untergeschoss seines Hauses in Hennigsdorf als Zwischenlager dienen, bis alles irgendwo in Afrika, der weißrussischen Pampa oder in einem bulgarischen Dorf seinen endgültigen Platz gefunden hat. »Mal sehen«, sagt Giermann, dem diese Ungewissheit offenbar keine Sorge bereitet. Im Gegenteil. Da geht noch was.

Giermann ist einer, der jedem ängstlichen Mittvierziger die Furcht vor dem nächsten runden Geburtstag in wenigen Augenblicken zu nehmen vermag. Er ist groß und kräftig. In Jeans und T-Shirt steht er in seinem Büro. Im Sommer wird er neunundsechzig. Giermann ist Chef seines Ein-Mann-Unternehmens, ist Trödler und Hotelier, Immobilienentwickler, Hausverwalter und Eventmanager und immer auf der Jagd nach der nächsten günstigen Gelegenheit.

Hinter ihm an der Wand hängt eine Anerkennungsurkunde der Potsdamer Industrie- und Handelskammer, mit der 20 Jahre unternehmerische Tätigkeit gewürdigt werden. Im Regal gegenüber steht eine Schnapsflasche samt schwarz-rot-goldenem Etikett und dem Aufdruck »Vergessenstrunk«, daneben eine kleine Standuhr mit dem Abbild Saddam Husseins. »Ein Geschenk des irakischen Verteidigungsministeriums«, sagt Giermann. »Lange her«, fügt er hinzu und meint eine Zeit, in der er sein Land verlor, als er mal für kurze Zeit nicht zu Hause war.

Damals, in den Achtzigern, war Rolfeckhard Giermann Handelsattaché der DDR im Irak. Während der deutsche Arbeiter- und Bauernstaat seinem Ende entgegentrieb, organisierte Giermann in Vorderasien den Bau von Eisenbahntrassen und Fabriken. Vom Zusammenbruch der DDR habe er in Bagdad aus dem irakischen Fernsehen erfahren, sagt er. Geglaubt habe er es aber erst, als ihm ein Besucher aus der DDR atemlos erzählte, dass man den Trabi jetzt im Laden kaufen könne. Was davor im letzten Sommer der DDR zu Hause geschah, sei an ihm vorbeigegangen. Sopron? Prager Botschaft? Genscher? Nichts mitbekommen? »Wenn die Leute, die in den Westen abhauen wollten, einen noch nie interessiert haben, dann interessieren sie einen auch dann nicht, wenn sie gehen.«

Als die DDR gegründet wurde, war Giermann gerade vier Jahre alt. Nach Kriegsende lebte er zunächst in Thüringen. Mit elf kam er nach Fürstenwalde. Giermann war klein und schmächtig und sprach als Thüringer wie niemand sonst in der brandenburgischen Grundschulklasse, was nicht die besten Voraussetzungen waren für einen Neuanfang. Als

er damals in die neue Klasse kam, bot ihm Gisela den Platz neben sich an. Heute sind sie 48 Jahre verheiratet.

Dieser erste Schultag im Jahr 1956 sei einer der vielen Zufälle, die sein Leben bestimmt hätten, sagt Giermann, was sehr nach Geradlinigkeit und Fremdbestimmung klingt. Es mag viele Zufälle gegeben haben, aber Giermann wusste immer, sie zu nutzen. Für seine Ziele. Zusammen mit Gisela ging er zur Arbeiter- und Bauernfakultät nach Halle, um das Abitur zu machen. Dann standen Studien in Moskau auf ihrem Plan. Rolfeckhard wollte Diplomat werden, Gisela Ärztin. Als es für Gisela dann aber nur die Möglichkeit gab, in der Sowjetunion Zahn- statt Allgemeinmedizin zu studieren, blieb auch Rolfeckhard in der DDR. Verstanden hatte das niemand, aber »Rollo«, wie ihn seine Frau nennt, war es schon damals egal, was andere über ihn denken. Rollo ging immer seinen Weg. Also studierte er in Karl-Marx-Stadt Mathematik und sie in Leipzig Medizin.

Danach begann für Rolfeckhard Giermann, der mit 17 Jahren seinen ersten Antrag auf Aufnahme in die SED stellte, eine Bilderbuchkarriere. Als 26-jähriger Absolvent wurde er Chef des ersten Industrie-Rechenzentrums der DDR. Mit dreißig holte man ihn ins Ministerium nach Berlin, »weil gute Leute knapp waren«. Vier Jahre später war er dort bereits Bereichsleiter. Dann kündigte Giermann und provozierte Ärger, weil man im Partei- und Staatsapparat der DDR nicht so einfach kündigte. »Wer geht und wer bleibt, entscheide immer noch ich«, brüllte der Minister. Und während ihm der zuständige Staatssekretär versicherte, persönlich dafür zu sorgen, dass er nicht einmal als Straßenkehrer auf dem Alexanderplatz eine Stelle bekommen werde, hatte sich Giermann längst im allmächtigen Zentralkomitee der SED abgesichert, wechselte zum Industrieanlagenexport und tat fortan, was er immer getan hatte. Er organisierte, verhandelte und sorgte mit einer fast schon explosiven Mischung aus Eifer und Schlitzohrigkeit dafür, dass funktionierte, was andere wegen vermeintlicher Aussichtslosigkeit nicht einmal in Erwägung zogen.

Von da an brachte Giermann also nicht mehr plansäumige Kombinatsbetriebe auf Kurs – »es gab unglaublich viel Schlamperei« –, sondern exportierte Gießereien nach Algerien, pflanzte ostdeutsche Schlachthof-Technologie in die mongolische Steppe und vertickte Getriebefabriken nach Mexiko. Giermann war der Kommunist in der Marktwirtschaft und zugleich Geschäftsmann des Sozialismus. Er war der Universal Soldier in der grauen Schnittmenge der Systeme. »Wir haben dem Staat Millionen gebracht«, sagt er stolz. »Wir waren die Elite.«

Für Giermann hätte es so weiterlaufen können. Doch Anfang der achtziger Jahre wurde der DDR-Industrieanlagenexport aufgelöst, weil die Kombinate ihre Anlagen selbst exportieren sollten, womit die Betriebe zu Konkurrenten wurden. Da sei ihm endgültig der unvermeidbare Niedergang der DDR-Planwirtschaft bewusst geworden, sagt Giermann, der noch fünf Jahre zuvor im Ministerium mit einem knappen Dutzend Kollegen über Kurskorrekturen sinniert hatte. »Nun retten wir es nicht mehr«, lautete seine Erkenntnis. Und er war froh, als ihm dann eine Diplomatenstelle angeboten wurde. Er konnte das Land, das »leider nicht von den Klügsten regiert wurde«, für eine Weile hinter sich lassen. Abstand gewinnen. Ganz zu gehen, kam für den Reisepassinhaber nicht infrage. »Nie!« habe er daran gedacht, in Stockholm, Wien oder Hannover zu bleiben. Und eigentlich sei er auch nie wirklich unzufrieden gewesen oder resigniert. »Ich habe immer versucht, aus allem das Beste zu machen, und ich habe nie grundsätzlich an meinem Land gezweifelt.«

So ging er als Handelsattaché in den Irak. Dort arbeitete Gisela Giermann als Ärztin in der DDR-Botschaft und Rolfeckhard koordinierte von Bagdad aus die Devisenbeschaffung per Infrastruktur- und Technologielieferung, was dann auch jene kleine Uhr des irakischen Verteidigungsministeriums im Giermannschen Bücherregal erklärt. Denn die DDR schickte ebenso militärische W50-Lkws in den Irak wie Lagerhallen für die irakische Armee und Feingießereien, mit denen Teile für Kalaschnikows gefertigt werden konnten. Ein Problem sieht Giermann darin nicht. »Warum sollten wir dem Land, das die DDR als erster nichtsozialistische Staat anerkannt hatte, keine Maschinen liefern«, fragt er.

Dass er seinerzeit auch mit der Stasi zu tun hatte, war für ihn selbstverständlich. Der Kontakt mit der sogenannten Abteilung eins der Botschaft habe zum Alltag gehört. Er habe keine Berichte über Mitarbeiter geschrieben, aber wenn er gesehen hätte, wie einer seiner Leute bei der Konkurrenz aus dem Büro kommt, hätte er es gemeldet. »Ja, sicher!« Stasi-Mitarbeiter sei er nie gewesen. Er habe oft darüber nachgedacht, warum er nie gefragt worden sei, erzählt er, macht eine kurze Pause und dann: »Ich hätte garantiert Ja gesagt. Es war mein Land.«

Fünf Jahre waren die Giermanns im Irak. Danach wollten sie eigentlich zurück in die DDR. Rolfeckhard hätte man für ein Jahr auf die Parteischule geschickt, um den Kapitalismus-kontaminierten Genossen wieder auf Kurs zu bringen. Dann sollten fünf Jahre Kairo folgen. Aber es kam alles anders. Statt von Bagdad mit einer Interflug-Maschine nach Schönefeld zu fliegen, fuhren die Giermanns mit ei-

nem aus den Restbeständen der DDR-Botschaft erstande-
nen Mitsubishi Lancer via Türkei, Bulgarien, Jugoslawien
und Österreich nach Düsseldorf, wo das Know-how und
die Kontakte des Ex-Handelsattachés einer großen Spedition eine Festanstellung wert waren. Das war im Juni 1990.

Ralf Grosskopf erinnert sich noch recht gut daran. Er hatte Giermann damals eingestellt. Der 72-Jährige, der nach
wie vor eine internationale Spedition in Düsseldorf führt
und nun mit der Erinnerung an Rolfeckhard Giermann
beim Rasenmähen in seinem Garten unterbrochen wird,
freut es, mal wieder von seinem ehemaligen Mitarbeiter
zu hören. Der westdeutsche Privat- und der ostdeutsche
Staatsunternehmer hatten sich im Irak kennengelernt.
Grosskopf schätzte an Giermann, dass er kein Schwätzer
war, sondern handelte. Was der in der DDR war und getan
hatte, weiß Grosskopf bis heute nicht, und es hatte ihn
auch nie interessiert, wie er sagt. »Giermann war ein guter Mann, er lernte schnell und konnte wie einer aus dem
Osten und einer aus dem Westen denken.« Und er habe immer gewusst, seine Kontakte zu nutzen.

Davon profitierte auch Grosskopf. Als es darum ging, für
die Spedition eine Dependance in Berlin zu eröffnen, be-
sorgte Giermann für 100 Mark Miete im Monat Räume in
Ost-Berliner Top-Lage nahe der Friedrichstraße, in denen
zuvor die Zentrale der Gesellschaft für Deutsch-Sowjeti-
sche Freundschaft residiert hatte. Er baute ein Büro in Moskau mit auf und vermittelte seinem neuen Arbeitgeber die
letzten Transportaufträge inzwischen todgeweihter Ostbe-
triebe. Geschäfte am Sterbebett einer Volkswirtschaft.

Giermann hatte sich abgefunden mit der neuen Ordnung, den Traum von einer besseren DDR längst abgehakt.
Ökonomisch lag das Land am Boden, enorme Investitionen

waren nötig. Da investiere niemand, wenn er nicht hundertprozentig sein eigenes System drüberspülpen könne, sagt Giermann. »Von da an gab es kein Land mehr, keine Partei mehr, nur noch die Familie.« Für ihn war es eine schmerzvolle Niederlage, in der ihm besser niemand blöd kam. Als Rolfeckhard und Gisela im Frühjahr 1993 Urlaub in Bayern machten und in einer Gastwirtschaft von Einheimischen plump gefragt wurden, ob sie sich das überhaupt leisten könnten, explodierte Giermann und erklärte ihnen, dass seine Frau als Ärztin in einer Klinik arbeite und er ein Unternehmen führe, während sie als Bauern auf dem Acker stehen würden – und ging. »Es gab eine unglaubliche Arroganz«, sagt er.

Tatsächlich beginnen beide mit Mitte vierzig neu. In Hennigsdorf, wohin beide nach dem Studium gezogen waren, bauen sie ein Haus, das auch Platz für Giselas eigene Hausarztpraxis bietet. Derweil reaktiviert Rolfeckhard seine Nahost-Kontakte und versucht sich mit einer eigenen Firma als Handelsattaché ohne Diplomatenpass. Er sichert die Ersatzteilversorgung für die Signaltechnik jener Eisenbahntrasse, die er im Irak mit aufgebaut hatte. Giermann ist jährlich vier bis fünf Mal für mehrere Wochen im Irak. »Sonst hat sich aus Deutschland dort ja keiner sehen lassen«, sagt er. Giermann organisiert Messen für deutsche Unternehmen in Bagdad, präsentiert dort Feuerlöscher aus Neuruppin, Maschinen von Teltomat und MZ-Motorräder. Zugleich lotst er irakische Unternehmer nach Brandenburg, um sie mit dem hiesigen Mittelstand zusammenzubringen. Vieles platzt, vieles geht. Giermann dreht nicht mehr am ganz großen Rad, aber an vielen kleinen. Im Irak war er seit fünf Jahren nicht mehr, der Macher an vielen Fronten ist er aber nach wie vor.

In Polen hat er zusammen mit einem Freund ein Schloss gekauft, das er zu einem Hotel ausbauen ließ, im sächsischen Hohenmölsen gehört ihm mit dem ehemaligen Wehrkreiskommando eine stattliche Immobilie, die er dem Eigentümer zu dem Preis abgekauft hat, den dieser nach der Wende der Treuhand bezahlt hatte. Seit Jahren unterstützt er mit der eigens gegründeten Worldrun AG den Extremsportler Robby Clemens und hofft, den Sachsen gewinnbringend vermarkten zu können, wenn dieser im nächsten Frühjahr per pedes vom Nord- zum Südpol aufbricht. Und dann ist da noch das bei Bremen liegende Rittergut vom Ramdohr zu Drübber, das Giermann mit einem befreundeten Geschäftsmann gekauft hat und vielleicht bald zu einer Hotel- und Wellness-Anlage ausbauen kann.

Fragt man Giermann, was ihm die Wende gebracht hat, muss er nicht lange überlegen: »Möglichkeiten, sich auszutoben.« Giselas gutgehende Praxis spielt dabei eine große Rolle. »Wir mussten nie von dem leben, was ich verdiene«, sagt Giermann. Er habe es sich immer leisten können, auf ein gutes Geschäft zu warten. Giermann, der sorglose Abenteurer.

Gerade hat er aus der Insolvenzmasse eines Pleiteunternehmens drei Container mit Leuchten und Energiesparlampen erstanden. »Im Laden kostet jede Lampe zehn Euro«, sagt er und dass er schon dann Gewinn machen würde, wenn er sie für drei Euro loswürde. Einen Container habe er schon verkauft und damit seine Investition wieder drin. Ab jetzt könne er noch nur gewinnen. »Mal sehen«, sagt Giermann und sieht sehr zufrieden aus.

König August

Judy Lybke wollte eigentlich Kosmonaut werden.
Heute ist er einer der erfolgreichsten
deutschen Galeristen und verkauft Kunst
bis nach Hollywood.

Von Maxim Leo

Vor zwei Tagen war Judy Lybke auf der Art Basel in Hongkong, die Woche davor auf der Frieze Art Fair in New York, jetzt sitzt er in einem japanischen Restaurant in Berlin-Mitte, stochert in einem Reisschälchen und redet mit seiner Tochter Zara über den Zweiten Weltkrieg. Lybke ist braun gebrannt, wirkt entspannt, er trägt einen beigefarbenen Anzug mit Weste, ein blaues Hemd mit weißem Blütenmuster und weiße Converse-Turnschuhe. Er ist von schmaler Gestalt, nicht besonders groß, mit warmen, wachen Augen, die ständig in Bewegung sind. »Hongkong war ein richtiger Erfolg«, sagt Lybke. »Wir haben die ganze Stadt in Aufruhr versetzt.« Carsten Nicolai aus Karl-Marx-Stadt, einer der Künstler, die Lybke seit fast dreißig Jahren vertritt, hat die Skyline von Hongkong illuminiert. Tausende LED-Spots ließen das höchste Gebäude der Stadt im Takt von Nicolais Elektro-Sound tanzen. Auf den Piers stand die internationale Kunstwelt mit Champagnergläsern versammelt und bewunderte eine der größten Licht-Ton-Installationen, die es je gegeben hat. »Danach haben wir richtig gut verkauft«, sagt Lybke und ein diebisches Lächeln huscht über sein Gesicht.

Dieses jüngste Spektakel von Hongkong ist womöglich ein ganz gutes Beispiel um zu erklären, wie es Gerd Harry Lybke, genannt Judy, gelungen ist, in den vergangenen

25 Jahren zu Deutschlands wichtigstem Galeristen zu werden. Denn seine Methode ist immer die gleiche: Auffallen, verkaufen, und nicht vergessen, worum es wirklich geht. Und worum geht es wirklich? »Unsterblichkeit«, sagt Lybke. Er spricht dieses Wort mit großer Ernsthaftigkeit aus, ohne jegliche Lakonik, ohne die mindeste Übertreibung. Dieser Mann, der mal Kosmonaut werden wollte, um der kleinen, beengenden DDR ins große Weltall zu entkommen, hat es nun auf andere Weise in höchste Höhen geschafft.

Wichtig war dabei von Anfang an die mythische Aura, die Lybke um sein Leben zauberte, die vielen unglaublichen Geschichten, die herrlichen Anekdoten und schicksalhaften Momente, von denen er stets mit Genuss berichtete und die sich über die Jahrzehnte zu einer funkelnden Helden-Saga verdichteten. Die Saga beginnt in Meusdorf bei Leipzig, wo Gerd Harry am 8. März 1961 als Sohn eines Zimmermanns und einer Wäscherin geboren wird und in der Nähe eines Schweinestalls aufwächst. Dass auch Jesus der Sohn eines Zimmermanns war und seine Geburt eng mit einem Stall verknüpft war, ist übrigens eine rein zufällige Parallele.

Gerd Harry ist ein zarter, blonder Junge und ähnelte der Überlieferung nach dem Hauptdarsteller einer US-Serie, die zu der Zeit im Westfernsehen läuft. Der Junge aus dem Fernsehen heißt Jody, die Sachsen sagen »Dschudi«. So kommt ein fünfjähriger, ostdeutscher Knabe zu einem amerikanischen Spitznamen. Es folgte die Sache mit dem Kosmonauten. Nach einer Ausbildung zum Maschinen- und Anlagenmonteur bekommt Lybke einen Studienplatz für Atomkraftwerkstechnik in der Sowjetunion. Aber erst einmal muss er zur Armee. Dort schreibt er »Macht Liebe, nicht Krieg« an die Kasernenmauer und wird zur Strafe in die Bibliothek versetzt, wo es sehr langweilig ist, weshalb Judy Lybke mit dem Lesen beginnt. Er geht alphabetisch vor, beginnt mit Aitmatow. Als er bei Proust ankommt, ist der Militärdienst endlich vorbei. Der Vorbereitungskurs für das Studium in der Sowjetunion findet ebenfalls auf einem Kasernengelände statt, weshalb Lybke da gar nicht erst hingeht. Der Staat straft den Undankbaren mit einem Studien- und Berufsverbot.

Lybke geht als Aktmodell an die Leipziger Kunstakademie, weil er dort die schönsten Frauen vermutet. 1983 gründet er die Galerie Eigen+Art, bei seiner ersten Ausstellung begrüßt Lybke die Gäste splitternackt, weil er das mit dem Auffallen schon damals begriffen hatte. An der Akademie lernt er einen Studenten kennen, der Neo Rauch heißt, und mit dem er später sehr viel Geld verdienen wird. Seine Galerie hat so viel Zulauf, dass Lybke irgendwann das Schloss aus der Tür entfernt. Die Stasi schickt fünf Leute, die mit ihren Berichten achtzehn Ordner füllen, die heute für jedermann zugänglich in der Galerie in der Leipziger Baumwollspinnerei stehen.

So weit die Vorgeschichte, deren Erzählung für Judy Lybke reine Routine ist, und zwischen einem Teller Sushi, einer Portion Ente kross und einer Auswahl von gegrilltem Gemüse erledigt werden kann, unterbrochen nur zuweilen von seiner schlauen Tochter, die ihren Vater zurechtweist, wenn eine aktuelle Ausschmückung der Legende sich zu weit vom bekannten Topos entfernt. Lybke isst übrigens, das sei hier noch angemerkt, mit viel Genuss und in großen Mengen, bevor er sich gut gelaunt zu seinem Kunstlabor in der ehemaligen jüdischen Mädchenschule aufmacht, wo er in wenigen Minuten eine neue Ausstellung eröffnen soll.

Zunächst einmal läuft er aber gemächlich die August-straße hinunter, diese wichtigste Kunstmeile von Berlin, in der eine Galerie auf die andere folgt. Lybke war 1992 einer der ersten, die sich hier niederließen, die dafür sorgten, dass Berlin-Mitte in der internationalen Kunstwelt ein Ort von Bedeutung wurde. Wer Lybkes eigene Bedeutung noch nicht kennt, der muss ihn nur auf diesem kurzen Spaziergang beobachten. Wie König August persönlich schlendert er in seinem hellen Maßanzug den Bürgersteig entlang, schüttelt hier eine Hand, nickt dort jemandem zu, grinst, winkt, plaudert. Er selbst wirkt dabei völlig unaufgeregt, in den Blicken der anderen schimmert der Respekt, flackert der Neid, lodert die Bewunderung.

Er stößt die Tür auf zu seiner Galerie, in der ein ganzer Schwarm junger, gut aussehender Assistentinnen hinter einem schneeweißen Tresen bereitsteht. Die Damen begrüßen den Meister im Chor. Der breitet die Arme aus und weist in die Tiefe des Raumes, als wollte er sagen: So, mein verehrter Zeitungsreporter, hast Du in Deinem ganzen, unnützen Leben schon mal so eine geile Galerie gesehen? Und es ist wirklich schön, ganz in Weiß, bis auf die graue Betontreppe, die in den ehemaligen Keller führt, aus dem nun fast sechs Meter hohe Wände wachsen, weil die Decke zum Erdgeschoss entfernt wurde. Das Ganze wirkt kalt und streng, wie das Loft einer kunstinteressierten Eskimofamilie. Dazu passen auch die kühlen Bilder von Tim Eitel, die gerade hier hängen. Die verlorenen Menschenschatten, die im Nebel nach der schwarzen Sonne suchen.

Etwa da, wo jetzt der Tresen steht, sagt Lybke, war früher das Zimmer, in dem er gewohnt hat. Eine Badewanne und ein Bett standen dort, mehr brauchte er gar nicht. Das Zimmer gibt es schon lange nicht mehr, es ist im weißen

Loft verschwunden. Das ist, wenn man so will, die kürzeste Parabel auf das Leben des Gerd Harry Lybke.

Die etwas längere Version beginnt kurz nach dem Mauerfall, als Lybke mit seinen Malern zum ersten Mal zur Kunstmesse nach Frankfurt am Main fährt. Vorher schickt er allen wichtigen westdeutschen Politikern leere Flaschen zu und bittet darum, ihm Urinproben zurückzusenden, da er diese für ein Kunstprojekt benötige. Er bekommt keine einzige Antwort, weshalb er Flaschen mit Tee füllt und daraus in Frankfurt eine Art Politiker-Altar baut. Zwei Tage vor Messebeginn erscheinen Sicherheitsbeamte und schließen Lybkes Stand, weil sie die Sicherheit führender Repräsentanten der Bundesrepublik Deutschland für bedroht halten. »Es war wie in der DDR«, sagt Lybke. »Und natürlich gab es auf der Messe dann nur noch ein Thema: Wir.«

Dummerweise hatte Lybke nur drei Zeichnungen mitgenommen, weil er gar nicht dachte, dass sie wirklich etwas verkaufen würden. Als die Zeichnungen weg waren, entdeckte er in einem Müllraum große Packpapierbögen, mit denen die Galeristen aus dem Westen ihre Bilder eingeschlagen hatten. Lybkes Künstler machten im Müllraum neue Zeichnungen, die Lybke vorne am Stand verkaufte, so lange, bis die Messe zu Ende war. Dann verkaufte er den Urin-Altar für 25 000 Mark an einen Schweizer Sammler und fuhr mit zwei Koffern voller Westgeld nach Hause.

Zwei Überzeugungen begannen sich zu dieser Zeit im Westen durchzusetzen. Erstens: Im Osten wird immer auf Packpapier gemalt. Zweitens: Lybke verkauft immer besser als alle anderen. Im Grunde hatte Lybke da bereits den Traum vom verstorbenen SED-Generalsekretär Walter Ulbricht erfüllt: Er hatte die Westler überholt, ohne sie je einholen zu müssen.

Mit dem Geld von der Kunstmesse fährt Lybke 1990 nach Tokio und eröffnet dort eine temporäre Galerie, dasselbe macht er ein paar Monate später in Paris. Wirtschaftlich sind die Aktionen ein Desaster, aber sie bringen erneut Aufmerksamkeit. Die Kunstbranche fragt sich, wer dieser seltsame Ostdeutsche ist, der auf einen Streich die ganze Welt erobern will. Große Teile der ostdeutschen Kunstszene sind zu dieser Zeit vor Angst wie gelähmt, man wartet, was der Westen wohl bringen wird. Nur Judy Lybke tanzt schon mal los, mit einem Mut und einer Leichtigkeit, die außer ihm niemand aufbringt. »Wir hatten doch nichts zu verlieren«, sagt er.

1993 geht er nach New York, er klingelt bei Leo Castelli, einem der mächtigsten Kunsthändler der damaligen Zeit, und fragt, ob er mit seiner Galerie für ein paar Monate ins Penthouse im 14. Stock einziehen darf. New York ist in der Krise, Castellis Haus steht fast leer. Lybke bietet im Gegenzug für einen kräftigen Mietnachlass an, morgens auf allen Etagen das Licht anzumachen, damit es so aussehe, als liefe das Geschäft. Castelli gefällt der freche Sachse, er macht ihn mit ein paar Leuten bekannt. 1995 nimmt die Galerie Eigen+Art dann erstmals an der New Yorker Armory Show teil. Roberta Smith, die Kritikerin der *New York Times,* bleibt lange vor einem Bild von Neo Rauch stehen. Später schreibt sie, dieser Maler könnte die kommenden Jahrzehnte prägen.

Im selben Jahr beginnen drei junge westdeutsche Künstler ihr Malereistudium in Leipzig. Sie heißen Matthias Weischer, Tim Eitel und David Schnell. Zur Jahrtausendwende nimmt Lybke sie in seiner Galerie auf, kurze Zeit später beginnt der Hype um die sogenannte Neue Leipziger Schule. Lybke sagt, Leipzig sei eben der einzige Ort gewesen, an dem niemand mitbekommen habe, dass die Malerei längst für tot erklärt wurde. »Die haben immer weitergemacht und dann war es plötzlich wieder in.« Auf einmal fliegen amerikanische Sammler in Privatjets am Leipziger Flughafen ein, die Preise für Lybkes Maler explodieren, die Galerie erzielt auf den wichtigsten internationalen Kunstmessen Rekorderlöse. Hollywood-Stars wie Brad Pitt, Leonardo DiCaprio oder Dustin Hoffman rufen bei Lybke an und betteln um Bilder.

Wie hat Judy Lybke es geschafft, nicht durchzudrehen, nicht zu gierig zu werden, locker zu bleiben? Er steht vor seiner Galerie im Sonnenschein und überlegt. »Gute Frage eigentlich«, sagt er schließlich. »Mir hat wohl geholfen, dass ich Geld nie besonders wichtig fand. Es ist ein Transportmittel, um eine Idee, ein Unternehmen voranzubringen, aber mehr auch nicht.« Er verscheucht eine Biene, die um seinen Kopf kreist. »Ist vielleicht so ein ostdeutsches Ding, wozu brauchten wir je Geld?« Er besitzt kein Auto, wohnt mit seiner Frau, der Malerin Jana Franke, in einer 70-Quadratmeter-Wohnung. Die einzigen Bilder, die bei ihm zu Hause hängen, sind Kinderzeichnungen seiner Tochter Zara. Sein Luxus sind zwei Dutzend Maßanzüge und der Spaß, der ihm seine Arbeit noch immer macht.

Lybke läuft durch die Tordurchfahrt neben der Galerie, begrüßt Carsten Nicolai, den Illuminator von Hongkong, der hier sein Atelier hat. Nicolai steht im Hof und raucht, er trägt schwarze Klamotten und Turnschuhe in grünen Neonfarben. Die beiden reden über die Bienen, die sich hier im Hof eingenistet haben. Ein paar Frauen aus der Galerie haben Angst, gestochen zu werden. »Peace for the Bees«, sagt Nicolai. Lybke nickt. Sein Blick gleitet an der Hausfassade hoch. »Tja, ich habe mit einem Zimmer angefangen, jetzt habe ich das ganze Gebäude. Und dazu noch 22 Ange-stellte. Das hat mit Glück oder Leichtigkeit leider nichts zu tun. Das ist alles harte Arbeit.«

Wahrscheinlich hätte der freche, mutige Judy wirklich nicht besonders viel erreicht, wenn er nicht den ernsthaf-ten, disziplinierten Gerd Harry dabei hätte. Die beiden zu-sammen bringen den Erfolg. Der Kunstmarkt bietet selten ein schnelles Geschäft, er ist ehrlich betrachtet nicht mal besonders glamourös. Wer über Jahrzehnte erfolgreich sein will, braucht Haltung und Geduld. Lybke beobachtet Künstler lange, bevor er mit ihnen zusammenarbeitet. Er will wissen, wofür sie stehen, wohin sie sich entwickeln, ob sie bodenständig sind. Es braucht Zeit und Mühe, bis ein neuer Name im Markt etabliert ist. Neusammler müssen bei ihm erst mal Werke von jungen Talenten erwerben, be-vor sie irgendwann einen Neo Rauch kaufen dürfen.

Der dickste Ordner in Lybkes Büro ist der mit den Absa-gen. Er kontrolliert den Markt, er entscheidet, wer was zu welchem Preis bekommt. Die wichtigsten Kunden kom-men aus den USA, wie der Ölerbe Andrew Hall, den Lybke kennenlernte, als er bei Leo Castelli in New York noch das Licht an- und ausmachte. Auch der Immobilienmogul Don Rubell, der Time-Warner-Manager Michael Lynne oder der ehemalige Disney-Chef Michael Ovitz gehören zu den treu-en Käufern. Aber selbst die lassen Lybke entscheiden, was zu ihrer Sammlung passt. Es ist ein Geflecht aus Vertrauen und Beständigkeit. Das sind für Lybke übrigens ostdeut-sche Tugenden, weil es gerade in der DDR so wichtig gewe-sen sei, die richtigen Leute zu erkennen und ihnen verbun-den zu bleiben.

Lybke ist schließlich in seinem Kunstlabor am anderen Ende der Auguststraße angekommen. Die Assistentinnen umschwirren ihn wie Sternenstaub, er eilt herum, nickt, küsst, schüttelt, umarmt, winkt. Die Künstler, die jetzt im LAB ihre Werke ausstellen dürfen, stehen schüchtern vor ihm, sie sind noch sehr jung, vielleicht Mitte zwanzig. »Das ist die nächste Generation«, sagt Lybke, »die Schüler der Maler, die ich kennenlernte, als sie selbst noch Studenten waren.« Einen Moment lang verharrt er, als fühle er seinen eigenen Worten hinterher und sagt: »Ist das nicht schön? Es geht immer weiter!«

Er stellt sich mit verschränkten Armen auf und bittet die jungen Künstler von ihrer Arbeit zu erzählen. Einer, mit Namen Berthold Stallmann, ein verwuschelter, schlacksiger Typ aus Süddeutschland, hat ein Styropor-Haus gebaut, dessen unglückliche Bewohner von Ratten in den Keller gezogen wurden. Wollen die Bewohner den Ratten entkommen, sagt Stallmann, müssen sie entweder glücklich werden, oder jemanden anderen noch unglücklicher machen als sich selbst. »Sie entscheiden sich schließlich für die zweite Variante, weil die erste ihnen zu schwer erscheint.«

Lybke steht da wie ein stolzer Schuldirektor, nickt und sagt: »Cool.« Er blickt in die Runde, sieht die blassen, unsicheren Gesichter der Studenten und ruft: »Und jetzt gibt's Schnaps, zum Lockerwerden.«

Am liebsten barfuß

Dietmar Frick wäre in der DDR gern Arzt geworden,
aber er durfte nicht, er war zu rebellisch.
Als Musiker und Intendant eines Mittelalter-Wander-
theaters hat er seinen Frieden gefunden.

Von Susanne Rost

In seiner Welt trägt Dietmar Frick manchmal Rock. Ein bo-
denlanger, brauner ist es an diesem Wochenende. Dietmar
Frick, ein fülliger Mittfünfziger mit Vollbart und Pferdeschwanz, sitzt auf einer Bühne im Potsdamer Buga-Park.
Mal klemmt er sich sein Cello zwischen die Knie, mal bläst
er den Dudelsack, mal zupft er die Saiten einer Harfe. Wenn
er sich im Rhythmus der jiddischen, slawischen und nordi-
schen Melodien wiegt, dann schauen seine nackten Füße
unter dem Rock hervor. Dietmar Frick überlässt es seinen
Mitmusikern, die Lieder anzusagen, auf der Bühne Faxen
zu machen und das Publikum zum Mitklatschen zu ani-
mieren. Auf der Bühne hält er sich meist am Rand. Er spielt
dann fröhlich lächelnd und in sich ruhend vor sich hin.
Man käme nicht auf die Idee, dass es ohne ihn dieses Konzert nicht gäbe – und auch nicht das ganze Spektakel drum
herum.

»Cocolorus Budenzauber« heißt die Truppe, deren Chef
Dietmar Frick ist. Aber Chef würde Frick vermutlich nie
sagen, Intendant nennt er sich, schließlich ist der »Budenzauber« eine Art Wandertheater. Seit 20 Jahren gibt es die
aus Musikern, Artisten und sonstigen Künstlern bestehende Truppe. Zwischen dem Frühjahr und Weihnachten zieht
sie mit ihrem bunt bemalten Bühnenwagen, ihrer Band
und Showeinlagen wie feuerspuckenden Drachen durch

die brandenburgischen und mecklenburgischen Lande, im Schlepptau nachgebaute Wikingerboote, hölzerne Steinschleudern und ein transportables Wasserrad – um nur einige Accessoires zu nennen. Ihr Gefolge bildet fahrendes Volk der anderen Art: Eine »Gewandschneiderey« etwa bietet wallende Mittelalterkleider feil; ein anderer Standbetreiber hat Schwerter, Schilder sowie Pfeil und Bogen im Angebot. Der Getränkehändler offeriert die Met-Variationen »Wikingerblut« und »Normannentrunk«. Wer sie stilecht zu sich nehmen möchte, erwirbt ein Trinkhorn.

Beim Ritterfest im Potsdamer Buga-Park tragen etliche Männer ein solches Gefäß am Gürtel ihrer Tunika. Nicht wenige Besucher wirken in ihrer Mittelalterkleidung wie einem Film entsprungen. Ritter in Rüstungen messen sich in einer Arena im Schwertkampf. Edelfrauen flanieren über die Wiese.

Im Schatten eines Baumes unweit der Bühne sitzt in ganz normaler Sommerkleidung Dietmar Fricks Schwester und verfolgt den Auftritt seiner Band. »Man sieht, wie viel Freude ihm die Musik macht«, sagt Sabine Lange. »Er ist wie ein Planet, um den dieser Mittelalterkosmos mit all seinen Leuten kreist. Das ist sein Leben.« Nach dem Mauerfall habe sie versucht, ihn zu überreden, seine Rehabilitierung zu betreiben; schließlich habe ihr Bruder den schon zugesagten Medizinstudienplatz verloren, weil er gegen das DDR-System rebelliert habe. Aber Dietmar Frick wollte das nicht.

»Ich habe mich nie umgedreht, ich bin immer vorwärts gegangen«, sagt er. Dietmar Frick sitzt in einem Plastikstuhl vor einem Holzhäuschen, wie man sie in Baumärkten kaufen kann. Es steht in Fricks etwas verwildertem Garten in Rollenhagen. Das Dorf liegt im mecklenburgischen

Nirgendwo zwischen Neustrelitz und Neubrandenburg. Immer schmaler und kurviger werden die Straßen, die von der B 96 dorthin führen, zwischen all den Hügeln glitzert in der Ferne hier und da ein See. Beinahe wider Erwarten kommt dann doch noch ein Ort, Rollenhagen, endlich. Es fällt rasch ins Auge, wo Dietmar Frick mit seiner Familie und seinem Budenzauber wohnt. Mehrere Autos mit dem »Cocolorus«-Logo stehen vor dem Gutshaus, im Garten liegen Holzkähne. Dietmar Fricks Blick geht über sie hinweg, als er auf der Veranda des Holzhauses sitzend über seine Zeit in der DDR spricht und über seinen Weg zum Mittelalter-Spektakelmanager.

Seine Zukunft als Arzt habe er an einem 1. Mai Mitte der siebziger Jahre ruiniert, erzählt der Mann, der im Sommer 1957 in Stralsund geboren wurde. Bei einem der damals üblichen Aufmärsche habe er sich vor der Funktionärsbühne sein FDJ-Hemd vom Leibe gerissen. »Und zwar nicht, weil mir warm war. Da war der Drops gelutscht.« Es nützten dann das Einser-Abitur nichts und die Teilnahme an den Mathe- und Chemie-Olympiaden: Der Medizin-Studienplatz war futsch – wegen mangelnder politischer Reife. Dem Einsatz seines Vaters habe er es zu verdanken, dass er trotz Studienverbot doch noch an eine Hochschule gehen konnte. In Rostock ließ man ihn Mathematik studieren. Nach seinem Einser-Abschluss fing er in einem landwirtschaftlichen Forschungsinstitut südlich von Rostock an, hier wollte er seinen Doktor machen. Doch statt in die Grundlagenforschung kam er in eine Abteilung, in der er sich mit der Ökonomie der Schweinezucht zu beschäftigen hatte. Man versprach ihm, dass er schon noch Karriere machen würde, Voraussetzung sei aber, dass er sich einordne und die Strukturen nicht hinterfrage. »Wenn ich da geblieben wäre, wäre ich heute vermutlich Professor«, spekuliert Dietmar Frick. Aber bald hatte er die Strukturen und Intrigen satt. Als dann auch noch seine Ehe in die Brüche ging, verließ er das Forschungsinstitut und Rostock, um als Musiker zu arbeiten.

Wie alle seine fünf Geschwister hat Dietmar Frick als Kind verschiedene Instrumente zu spielen gelernt. Sein Bruder Volker brachte es bis zum Konzertmeister der Rostocker Philharmoniker, sein Bruder Gunther studierte Bratsche und wurde Profi-Musiker. Mitte der achtziger Jahre zogen sich die drei Brüder genervt von den Rostocker Verhältnissen in die Provinzstadt Neustrelitz zurück, ließen es sich als fest angestellte Mitglieder des Staatlichen Folkloreensembles gut gehen, bevor sie 1986 eine eigene Band gründeten. Mit den »Mecklenburger Zigeunermusikanten« tourten sie durch den gesamten Ostblock. In der Wendezeit war Dietmar Frick zu Hause in Mecklenburg, trat als Redner bei Veranstaltungen in der Kirche auf und forderte die Abschaffung der Stasi. Des Nachts sprühte er »Gorbi« an Häuserwände in Neustrelitz, einmal hätte ihn die Polizei fast erwischt. Wenig später erhielt er eine Warnung: »Deine Zelle ist schon gebaut.«

Nach dem Mauerfall quittierten die Brüder den Dienst beim Folklore-Ensemble, bevor es zur Unkenntlichkeit geschrumpft und dann abwickelt wurde. »Das war eine Lebensentscheidung, fortan war ich auf mich gestellt, ich fühlte mich ein wenig wie vogelfrei«, sagt Dietmar Frick. Erstmal zog er mit seinen Brüdern und anderen Musikern in die westliche Welt, selbst in Mexiko traten sie auf. Nach ihrer Rückkehr nach Deutschland spielten sie in neuen Formationen, im »Trio Schlüsselbund« etwa, das 1997 den Deutschen Folkförderpreis gewann. Und gründeten eine

Mittelalterband, wo 1994 die Idee zum »Cocolorus Buden-zauber« entstand.

Dietmar Fricks Mittagspause ist vorüber; der Vater von drei schulpflichtigen und drei erwachsenen Kindern erhebt sich aus dem Plastikstuhl vor der Gartenlaube und geht zurück ins Gutshaus. Das Wohnzimmer ist mit allerlei Instrumenten vollgestellt, von der Decke baumelt ein Trapez, an dem Fricks Frau manchmal ihre Akrobatikkunststücke übt. Im Wohnzimmer warten Mitglieder der Band, sie wollen proben. Dietmar Fricks Brüder sind nicht mehr dabei, Gunther starb 2001 an Krebs, Volker stieg 2005 aus. Jetzt gibt Dietmar Fricks ältester Sohn Andreas in der Band den Ton an, sein Instrument ist die Schlüsselfiedel.

Der junge Mann schüttet sich noch rasch ein paar Nüsse direkt aus der Packung in den Mund, dann gibt er den Einsatz. »Wikinger, Slawen und Ranen waren unsere Ahnen«, singen die Männer auf Schwedisch, »Liebe, Freiheit, Mut und Kraft Zeichen der Germanen«. Der Text stammt von Dietmar Frick, er hat ihn auf Deutsch geschrieben und dann ins Schwedische übersetzt.

Denn neben dem Mittelalterlichen hat es ihm das Nordische angetan; Dietmar Frick führt das auf seine Wurzeln an der Ostsee zurück, erzählt von seiner Begeisterung für Hügelgräber und verweist auf die nordische Göttin Frygg, die so heiße wie sein Nachname klinge. Vielleicht sind diese Erklärungen auch einfach Kokolores, also Unsinn – schließlich hat es sich die »Cocolorus«-Truppe zur Aufgabe gemacht, »history« und »fantasy« zu verbinden. Einer historischen Überprüfung würde der gesamte Budenzauber sicher weder in seinen mittelalterlichen noch seinen nordgermanischen Details standhalten. Aber Frick geht es weniger um historische Genauigkeit als um die besondere Stimmung auf seinen Festen. »Wir versuchen, unseren Besuchern die Muße zu geben, die ihnen im Alltag fehlt«, sagt er.

Er trifft damit einen Nerv, Mittelaltermärkte boomen seit einigen Jahren, Mittelalterfans spielen Szenen aus der Ritterzeit nach. Die Begeisterung für die an sich dunkle Epoche zwischen 500 und 1500 nach Christus hat Thomas Scharff, Professor für Mediävistik an der Technischen Universität Braunschweig, einmal so erklärt: »Das Mittelalter wird als die Zeit angesehen, als der Körper noch unmittelbar der Natur ausgesetzt war.« Die heutige Welt dagegen werde als kompliziert, hektisch und ungerecht wahrgenommen und die fortschreitende Technisierung als zunehmende Entfernung des Menschen von einem idealisierten Naturzustand. Es gebe ein Bedürfnis nach Entschleunigung und Vereinfachung, nach einem »Zurück zur Natur«, so Scharff, das werde bei Mittelalterspektakeln gestillt.

Viel verdient Dietmar Frick mit dem Budenzauber-Wandertheater nicht. Ihm fällt dazu ein Spruch seines Bruders Gunther ein: »Wir kommen durch und verhungern schuldenfrei«, sagt er und lacht. Geld spiele für ihn keine große Rolle; wichtiger sei ihm die Freude an der Musik, die Gemeinschaft der Leute, die – wie er – anders leben, und Zeit in der Natur. »Mein größter Reichtum sind meine Kinder, mein Luxus sind die 200 Birnen- und 300 Apfelsorten, die ich in Rollenhagen habe, und meine Bienenvölker.« Einen Fernseher brauche er nicht, um seine Kleidung kümmere sich seine Frau, und Schuhe kaufe er einmal im Jahr. Immer drei Paar von den gleichen Latschen. Am liebsten gehe er ohnehin barfuß.

Hellgrün ist das neue Leben

Für Leopold Jahn aus Probstzella war der Westen immer im Süden. Heute ist er Naturführer und zeigt Touristen den einstigen Grenzstreifen zwischen Thüringen und Bayern.

Von Paul Linke

Stehen zwei westdeutsche Bauarbeiter auf dem ehemaligen Grenzstreifen herum, hier Thüringen, dort Bayern, früher Zäune und Mienen, heute Birken und Wiesen. Kommt ein ostdeutscher Naturführer dazu und fragt: »Na, wollt ihr die Mauer wieder hochziehen?« Sagt der erste Bauarbeiter: »Ja, aber diesmal richtig, und sechs Meter, nicht wieder nur drei.« Darauf der zweite: »Und dann machen wir auch noch ein Dach drüber.«

Pause. Tiefe, kehlige Laute. Die Männer lachen. Offenbar ist das ein guter Witz in dieser Gegend. Die Männer klopfen sich auf die Oberschenkel. Ein bisschen zu theatralisch vielleicht, es wirkt so, als hätten sie den Gag mit dem Mauerdach schon vor langer Zeit einstudiert und seitdem immer wieder mal aufgeführt. Aber warum auch nicht?

25 Jahre sind immerhin vergangen, ein Vierteljahrhundert liegt die Wende nun schon zurück – da wird man ja wohl Witze machen dürfen. Über sich selbst und über die anderen. Die vielen Ossis, die, warum auch immer, ins Grenzgebiet zurückkommen. Die vielen Wessis, die, warum auch immer, wenigstens ein Mal hier sein wollen. Und über all die anderen Touristen.

Der Grenzstreifen, auf dem die Bauarbeiter aus Bayern einen neuen Wanderweg anlegen, hat seinen Schrecken verloren. Er trennt die Menschen nicht mehr. Er verbindet sie. Man fragt sich trotzdem: Wo verlief hier eigentlich mal die Grenze? Man muss sie schon suchen. Die Natur hat dieser toten Zone, in der nichts wuchs, nichts wachsen durfte, neues Leben eingehaucht. Ein Naturschutzgebiet ist entstanden. Wie ein grünes Band zieht sich die neue Pflanzenwelt über die Gipfel, durch die Täler. Hellgrün ist das neue Leben. Dunkelgrün das alte.

Für den Naturführer aus Thüringen war der Westen ohnehin immer im Süden. Leopold Jahn, 61, ist ein groß gewachsener Mann mit kräftigen Händen, einem wachen Blick. Wenn er in seinen Erinnerungen wühlt, dann tut er das gründlich und mit Bedacht. Vielleicht klingen seine Sätze deshalb immer etwas offiziell. »Ich verstehe mich als Botschafter dieser Region«, sagt er dann zum Beispiel. Oder: »Die Ungerechtigkeit darf nicht in Vergessenheit geraten.«

Jahn möchte erinnern. Sich selbst. Vor allem aber die anderen. Die jungen Menschen etwa, die aus ihrer eigenen Erfahrung nicht wissen können, was ein staatlich verordnetes Unrecht bedeutet. Deshalb hat er sich zum Naturführer weiterbilden lassen. Geschichtswanderer würde auch passen. Jahn will seine Region, und dieses Wort benutzt er tatsächlich, vermarkten. Er glaubt an das Angebot und wartet auf die Nachfrage. Die alte Grenzregion soll einen neuen Grenzwert bekommen.

Jahn geht einen Schritt nach links, die Nachmittagssonne spielt ihm einen Schatten ins Gesicht, er steht in Bayern. Dann geht er einen Schritt nach rechts, Hasko, sein Jagddackel wittert irgendwas in den Büschen, Jahn ist zurück in Thüringen. Auch das wirkt sehr einstudiert. Ein letzter Gruß an die Bauarbeiter. Wir fahren mit dem Pick-up ins Dorf zurück. Auf dem Weg werden wir mehrmals die alte

Grenze passieren, ohne es zu merken, so eng verschlungen lagen hier Bayern und Thüringen nebeneinander. Bei Fluchtversuchen kamen in Probstzella 15 Menschen ums Leben.

Leopold Jahn wurde in Probstzella geboren. Ein kleines Dorf ist das, knapp 4000 Einwohner, im schönen Schiefergebirge gelegen und nur ein paar Hundert Meter vom bayerischen Lauenstein entfernt. Versteckt in einer Talsenke. Vor der Wende haben hier mehr als doppelt so viele Menschen gelebt.

Jahn sagt, es sei das Ende der Welt für ihn gewesen damals. Für seinen Vater, der in Stalingrad gekämpft hatte, war es eher ein Anfang. Hier in Probstzella wurde er aus der Gefangenschaft entlassen, und hier ist er dann auch geblieben. Selbst als ein Teil der Familie 1953 in den Westen, nach Halle in Westfalen floh.

Probstzella war einer von sechs ehemaligen Grenzbahnhöfen. Der schlimmste von allen, heißt es. Am Ortsrand, wo die Interzonenzüge aus München oder aus Berlin, der D 300 und der D 301, sich auf halber Strecke trafen und wo Passkontrolleinheiten und Mitarbeiter des Zolls Millionen Reisende jahrzehntelang schikanierten, war Deutschland geteilt. Die ankommenden Züge waren durch einen Sichtschutz von den abfahrenden getrennt.

Ein Grenzschild ist noch übrig geblieben: »Stehenbleiben und fotografieren der Bahnanlagen verboten« steht drauf. Ein kleines Museum gibt es seit ein paar Jahren. Am Eingang prangt der Name der Ausstellung: »Täter, Opfer, Mittäter – Kritik.« Und wo früher die Grenzübergangsstelle war, die GÜSt, in der sich die Menschen mit ihren Koffern durch einen Gang, einen Meter breit, 20 Meter lang, zwängen mussten, steht heute ein Netto. Die wenigsten im Dorf stören sich daran.

Bevor die GÜst, deren Bausubstanz nach der Wende zu zerfallen drohte, vor ein paar Jahren abgerissen wurde, waren Historiker, ein paar Politiker und der einheimische Publizist Roman Grafe eigentlich am Erhalt interessiert. Die Schätzungen, wie viel denn eine weitere Nutzung kosten sollte, lagen weit auseinander. Genauso die Ideen, wie ein Erinnerungskonzept aussehen könnte. »Sie hätten den ganzen Grenzbahnhof erhalten sollen, aber doch nicht nur ein Gebäude«, sagt Jahn, der damals noch für die FDP im Gemeinderat saß. »Man muss die Geschichte vermarkten, aber nur, wenn alles authentisch ist.« Dann wurde der letzte Grenzbahnhof der DDR abgerissen.

Und jetzt also der Billigdiscounter. »Wir müssen ja irgendwo einkaufen«, sagt Jahn. »Mit der Zeit haben wir uns an den Laden gewöhnt.« Er ruft seinen Jagddackel Hasko, der Motor springt wieder an, und dann sagt er einen nachdenklichen Satz: »Kein Land auf dieser Welt ist so wohlhabend wie Deutschland. Wir müssen jeden Tag dafür dankbar sein.« Wer dankbar ist, der hadert nicht mit der Vergangenheit.

Jenseits der Gleise – zehn Meter Sicherheitsstreifen, fünfhundert Meter Schutzstreifen, fünf Kilometer Sperrzone – war das Leben ein Ausnahmezustand. Es gab ständig Kontrollen, die Willkür, die Angst. Wer sich der Grenze näherte, war verdächtig. Wer ein Fernglas dabei hatte, wurde gemeldet. Zweimal wurde das Gebiet nach dem Krieg von politisch Andersdenkenden gesäubert. Operation »Ungeziefer« 1952, Operation »Festigung« 1961. Immerhin bekamen die Einwohner von Probstzella einen Sperrzonenzuschlag. »Die Grenzer hatten alles«, sagt Jahn. Und sie bekam regelmäßig Besuch. Die Puhdys spielten in Probstzella, Karat, die Gruppe Elefant, das Haus des Volkes, das größte Bauhausensemble Thüringens, war ein beliebter Treffpunkt für die Parteikader der Region. Jahn sagt: »Die restliche Bevölkerung wurde nur stimuliert. Aber wir wurden ganz gut versorgt.« Und trotzdem: »Jedes Tier war freier als wir.«

Zwischen den Bergen und Wäldern, zwischen Thüringen und Bayern stehen immer noch die alten Türme, die alten Zäune. Spuren der Vergangenheit sind das, Spuren, die nicht in die Abstraktion führen sollen. Nach Jahns Vorstellung sind sie die Grundlage für seinen touristischen Marktgedanken. Andere Arbeitsplätze sind schwer zu finden im Umland von Probstzella, die meisten Menschen pendeln weite Wege, gehen auf Montage oder gleich weg, über die Grenze nach Bayern und noch viel weiter. Die Pläne, die Gegend in einen Industriestandort zu verwandeln, sind nicht mal über die Planungsphase hinausgekommen.

Und wenn dann die Gymnasiasten aus Erlangen kommen, manchmal mit ihren Austauschschülern aus Paris, wenn das Hessische Landesmuseum einen Betriebsausflug macht oder eine Notarvereinigung aus der Region ihn darum bittet, dann wandert er mit ihnen ins ehemalige Sperrgebiet und erklärt den Aufbau eines Wachturms: vom Notstromaggregat im Keller bis zum Scheinwerfer und der Funktechnik auf dem Dach, vom Unterbringungsraum für die mobile Alarmgruppe bis zu den Anzeigen für den Grenzsignalzaun. Wie die Grenzer bewaffnet waren, wollen manche wissen. Jahn antwortet dann: »Maschinenpistole Kalaschnikow, 60 Patronen, zusätzlich für den Sturmführer eine Pistole, neun Millimeter Makarow, und ein Satz Signalpatronen.«

Jahn hat das alles genau recherchiert. Er hat nach der Wende mit vielen Grenzsoldaten gesprochen, ein Major, der nach der Wende in Probstzella geblieben ist, hat ihm ein paar Dokumente überlassen und seinen Alltag minuziös geschildert. Auch die ehemaligen Sicherungskräfte, die Zöllner, sie alle wohnen noch hier. Sie sind Nachbarn. Seit 25 Jahren versuchen sie so etwas wie Normalität herzustellen. »Aber man traut sich hier immer noch nicht«, sagt Jahn. »Die Menschen sind noch sehr verschlossen.« Manchmal grüßt man sich mit Absicht nicht. Und manchmal wechselt man eben schnell die Straßenseite.

»Ich war nicht linientreu, nicht in der Partei«, sagt Jahn plötzlich, als müsste er einen Gedanken, den er irgendwann vorhin verloren hat, wieder aufgreifen. »Ich war nur Kandidat der LDP, um in Ruhe gelassen zu werden.« Die Liberaldemokratische Partei Deutschlands war vielleicht nicht die SED, man musste sich trotzdem anpassen. Aber einer wie Leopold Jahn war kreativ im Umgang mit Vorschriften.

Wenn er früher eine Freundin hatte, die außerhalb der Sperrzone wohnte, dann musste er sich verloben, sonst hätte er sie nur zu Weihnachten und Pfingsten nach Probstzella einladen können. Gute Freunde machte er später zu Taufpaten, auch die bekamen eine Besuchserlaubnis. »Man musste viel tricksen damals«, sagt Jahn und öffnet eine Scheunentür. Hobel, Sägen, Maschinen, eine ganze Produktionslinie. Das ist sein Betrieb. Urkunden hängen an der Wand: »Hervorragende Leistung im sozialistischen Wettbewerb«. Oder: »Brigade der vorbildlichen Ordnung und Sicherheit«.

Bis vor ein paar Jahren hat Jahn als Tischler und Fensterbauer gearbeitet. Mit den eigenen Händen etwas schaffen, sehen, wie es entsteht, das war ihm wichtig. Er war sein eigener Chef, ein Betriebsstellenleiter. »Der Betrieb, das war immer unser Eigentum«, sagt er. Seine Familie wurde nach dem Krieg nicht enteignet. »Wir haben unsere Aufgabe gut gemacht. Und wir haben für Devisen gesorgt. Deshalb wurden wir hier geduldet.«

Irgendwann war er aber zu wackelig auf den Beinen, hatte eine Phobie vor den schweren Maschinen entwickelt. Und dass Formaldehyd nach all den Jahren gesundheitsschädlich sein könnte, hat früher auch niemanden interessiert. Erst vor ein paar Monaten hat seine Frau die alte Schrankwand weggeworfen, die immer so stark nach diesem Zeug stank.

Als der Vater nicht mehr konnte, hat Thomas übernommen, der Sohn, in neunter Generation bereits. Das Ahnenbuch reicht zurück bis ins Jahr 1750. Der Familienbetrieb hat viele Kaiser, Kriege und Reichskanzler überlebt. Für die Nazis mussten die Jahns Munitionskisten produzieren.

Bis zur Wende konnte man auch im Westen, im nichtsozialistischen Wirtschaftsgebiet, die Türen und Fenster aus Probstzella bestellen, ganz einfach, über den Quelle-Katalog. Nach der Wende hat Jahn eine halbe Million Mark in neue Maschinen investiert, das Geschäft lief gut, die Kredite konnte er bald zurückzahlen. Und vor einem Jahr hat die Handwerkerfamilie von den Nachfahren des Bauhausmeisters Alfred Arndt einige Urheberrechte erworben. Seitdem produzieren sie Stühle, Schränke, Betten. »Ja, man kann es so sagen«, meint Leopold Jahn. »Ich bin ein Wendegewinner.«

Am 11. November 1989, pünktlich um 11.11 Uhr, fuhr der erste Zug von Probstzella ins bayerische Lauenstein. Die ersten 850 Menschen, auch Leopold Jahn war dabei. Sie wurden mit Suppe und Würstchen empfangen, die örtliche Sparkasse hatte eine zusätzliche Filiale in Stadtzentrum aufgebaut. Bis zum Ende des Monats überquerten hier 117 000 Menschen die Grenze, sie reisten in den nahen Westen. Passkontrollen waren kaum noch möglich, das System brach in sich zusammen. Und dann, nach und nach, verschwanden die Grenzsoldaten, die Zollbeamten, die Wachhunde, die Angst.

Viele Menschen, die nie die Grenze passiert hatten, wollten zuerst die Grenzanlage sehen, von der anderen Seite, und waren dann überrascht, dass sie sich den Sperranlagen bis auf wenige Schritte nähern konnten. »Schon seltsam«, sagt Leopold Jahn. Und etwas leiser: »Diese Nähe.« Der Westen lag im Süden, aber vom Süden aus betrachtet sah der Osten ganz anders aus.

Fluche, Seele, fluche

Anne-Katrin Scharlach hat immer gern in der
Oberlausitz gewohnt, ist dann aber der Arbeit
wegen nach Westfalen gezogen.
Geblieben ist eine große Sehnsucht.

Von Lutz Pehnert

Anne-Katrin Scharlach ist allein in der Bibliothek. Und
es sieht so aus, als könnte es keinen einsameren Arbeitsplatz geben als den am Eingangstresen der Fachbibliothek
für Architektur und Bauingenieurwesen in Minden. »Die
Studenten kommen noch«, sagt sie, nimmt einen Stapel
Bücher und sortiert sie in die Regale zurück. Wenn ihr ein
Titel gefällt, blättert sie durch die Seiten. Eines ihrer Lieb-
lingsbücher in der Bibliothek ist ein Reiseführer für die Li-
gurische Küste. Die Fotos zeigen Fischerdörfer, die von den
Berghängen hinab bis ans Meer reichen. »Wie Gemälde von
Hundertwasser«, sagt sie. »Und was hat Weißwasser dem
entgegenzusetzen? Nichts!«

Anne-Katrin Scharlach kommt aus diesem Nichts. Sie
liebt es. Sie liebt die Kiefernwälder, den Sand, die Gemüt-
lichkeit. Weißwasser ist ihre Heimat, die Oberlausitz. Nur
leben kann sie dort nicht.

Seit 13 Jahren wohnt Anne-Katrin Scharlach im westfä-
lischen Minden. Diese Stadt war nie ihr Ziel. Hatte sie ein
Ziel? Was hat sie sich nach dem Mauerfall erhofft? Sie findet, dass es sich nicht lohnt, darüber zu reden. »Ich bin
keine Erfolgsgeschichte. Ich hatte keine Vorstellung, was
ich überhaupt erreichen will. Die ganzen Jahre waren ein
stetiger Kampf um ein halbwegs vernünftiges Auskommen. Mehr nicht«, erklärt sie. Dann lächelt sie zaghaft und

schweigt, als würde sie erst jetzt begreifen, dass die letzten 25 Jahre eine Hälfte ihres Lebens waren, die zweite.

Die zweite Hälfte ihres Lebens begann am 1. Juli 1990, dem Tag, an dem es in den Kaufhallen des Ostens auf einmal alles zu kaufen gab: Bananen, Ketchup in der Flasche, Gurken im Glas:. »Ich musste nicht etwas kaufen, bloß weil es das gerade gab«, sagt sie. »Ich konnte es ja jetzt kaufen, wenn ich es brauchte. Aber das musste ich erst lernen. Überhaupt musste man ständig Neues lernen. Mit der Wende wurde alles größer, weiter, aber auch schwieriger. Wenn man etwas erreichen wollte, musste man sich die Informationen selber holen. Das kannte man nicht. Vorher bekam man alles präsentiert.«

Vorher war vor der Wende. Kurz nachdem ihr Sohn 1985 geboren wurde, beschloss der XI. SED-Parteitag, dass Frauen bereits beim ersten Kind ein bezahltes Babyjahr beanspruchen können. »Das ging alles automatisch. Nach einem Jahr bekam ich sofort einen Krippenplatz für Paul. In dieser Hinsicht war es sehr leicht, selbst als Pauls Vater die Wohnung verließ. Aber es war auch eintönig. Man hat wie in einem Kokon gelebt, aus dem man nicht entkam.« Anne-Katrin Scharlach arbeitete in der Stadtbibliothek von Weißwasser. Nach der Geburt ihres Sohnes wechselte sie in die Lohnbuchhaltung eines Baustoffhandelbetriebs. Dann fiel die Mauer. Ein halbes Jahr später wurde der Betrieb abgewickelt. Viele Betriebe in Weißwasser wurden abgewickelt.

Das Leben hatte sich seltsam gedreht. Anne-Katrin Scharlach jagte nicht mehr nach Bananen und Ketchup, sondern nach Arbeit. »Ich musste mich kümmern, dass ich die Miete bezahlen kann, meine Rechnungen, dass mein Sohn Schuhe bekommt, zwei Mal im Jahr.« Immer wieder fand sie einen Job, aber nie auf Dauer. Den Firmen gingen die Fördergelder aus, oder sie gingen einfach Pleite. Das Arbeitsamt vertröstete sie mit Arbeitsbeschaffungsmaßnahmen und Umschulungen. Sie saß in einem Computerlehrgang, als zwei Männer aus Rüsselsheim in den Unterrichtsraum kamen. Deren Bauträgerfirma hatte sich gerade in der Oberlausitz niedergelassen. Nun suchten sie eine Praktikantin. Die Frauen im Kurs staunten. Wer wollte in der Mitte des Lebens Praktikantin sein? Anne-Katrin Scharlach begriff es als Chance. Aus dem Praktikum wurde eine Festanstellung. »Ich war eine der ersten, die zur Arbeit kam, und eine der letzten, die ging«, sagt sie. Für Paul hatte sie kaum Zeit. Morgens brachte sie ihn in die Schule, abends ins Bett. Auf Dauer war das keine Lösung. Anne-Katrin Scharlach kündigte. Eine kleine Abfindung half ihr über die nächsten Monate. Und danach? Wieder Arbeitsamt, Jobs auf Zeit. »Nie war genug Geld da«, sagt sie. »Immer zu Weihnachten habe ich Paul vertröstet und ihm gesagt: Nächstes Jahr wird es besser.«

Besser wurde nur die Parkplatzsituation in Weißwasser Süd. Noch kurz nach der Wende war es schwierig gewesen, dort einen Parkplatz zu finden. Fast jeder besaß nun ein Auto. Auch Anne-Katrin Scharlach hatte sich einen gebrauchten Skoda Favorit angeschafft. Jetzt, zehn Jahre später, konnte sie problemlos vor der Haustür parken. Die Menschen verließen die Stadt. Wenn Anne-Katrin Scharlach abends aus dem Fenster schaute, sah sie, wie die Wohnblöcke allmählich »schwarz« wurden. Und sie dachte: »Ich möchte nicht die Letzte sein, die hier das Licht ausmacht.«

Dann kam der Sonnabend im Juli 2000. Anne-Katrin Scharlach ging zum Penny-Markt an der Bautzener Straße. Am Eingang traf sie einen Schulfreund, den sie lange nicht gesehen hatte. »Was machst du denn noch hier?«, fragte er.

Der Schulfreund lebte jetzt in Bielefeld. »Dort gibt es Arbeit ohne Ende«, schwärmte er. Fast alle in seiner Familie hatten bei Dr. Oetker eine Anstellung gefunden. »Komm doch auch!«, sagte er. Anne-Katrin Scharlach dachte an Paul. Inzwischen war er 14. Vielleicht hätte er dort bessere Ausbildungschancen. Und sie dachte: jetzt oder nie. Drei Monate später bezog sie ihre neue Wohnung in Bielefeld. Verwundert darüber, dass sie einfach losgezogen war, dass sie sich getraut hatte, ihrem Leben noch einmal einen Anfang zu geben. Aber das Leben ging einfach so weiter wie bisher. Wie ein Song von Pannach & Kunert: »Ob im Osten oder Westen/wo man ist, ist's nie am besten/Fluche, Seele, fluche«.

Dr. Oetker hatte keinen Arbeitsplatz für sie. Und Bielefeld nicht mehr zu bieten als Heimweh. Zurück konnte sie nicht. Ihr ganzes Geld hatte sie in den Umzug gesteckt. »Ich saß in der Falle.« Sie nahm einen Job im Supermarkt an, als Kassiererin. Sie empfand es als die größte Erniedrigung ihres Lebens, nicht, weil sie an der Kasse saß, sondern weil sie sich von ihrem Chef gemobbt fühlte. Trotzdem blieb sie. Wegen Paul.

Ihr Sohn ging zur Schule, er kam allmählich zurecht, sie wälzte Zeitungen nach Jobangeboten. Als die Fachhochschule Bielefeld eine freie Stelle als Bibliotheksassistentin annoncierte, bewarb sie sich. Erst fünf Monate später bekam sie eine Antwort – und die Stelle, befristet auf ein halbes Jahr. Wieder nur ein Job auf Zeit. »Ich war doch in den Westen gezogen, um mal wieder Sicherheit in meine Finanzen zu bekommen, um meinem Sohn etwas bieten zu können.«

An der Fachhochschule war man zufrieden mit ihr, ein halbes Jahr später erhielt sie eine Festanstellung auf dem

Universitätscampus in Minden. Noch einmal zog sie um. Sie hatte es geschafft. Aber bis heute ist sie nicht angekommen. Wenn ihre Freundinnen aus Weißwasser sie in Minden besuchen, zeigt sie ihnen den gotischen Dom, die Marienkirche, die Museumszeile. Sie wandert mit ihnen zum Kaiser-Wilhelm-Denkmal an der Porta Westfalica und präsentiert ihnen die herrliche Aussicht auf das Wesergebirge. Aber sobald ihre Freundinnen abgereist sind, verschwindet auch sie wieder aus der Stadt, zieht sich zurück in ihre Wohnung, als würde sie es in Minden nicht geben. Sie mag ihre Arbeitskollegen, aber die haben ihre eigenen Freunde. Sie möchte sich nicht aufdrängen. »Wenn ich meine Kollegen und die Arbeit mitnehmen könnte nach Weißwasser«, sagt sie, »wäre alles gut. Ich bin hier einfach nicht zu Hause. In Weißwasser war ich arbeitslos, hier bin ich heimatlos.«

Vor drei Jahren zog Paul in eine eigene Wohnung. Seitdem ist Anne-Katrin Scharlach wieder auf Jobsuche. Dutzende Bewerbungen füllen ihren Aktenordner. Und genauso viele Absagen. In der Regel schaut sie nach Angeboten, die zu ihr passen. Aber wenn sie sich nicht gut fühlt, schreibt sie einfach drauflos. Dann ist ihr das »Leistungsprofil« egal. Hauptsache, es ist ein Job in der Oberlausitz. Danach geht es ihr besser. Sie weiß, dass sie mit 50 nicht die besten Chancen hat. Sie hat gelernt, Absagen nicht persönlich zu nehmen. Mehr als vier Millionen Menschen haben nach dem Mauerfall den Osten Deutschlands in Richtung Westen verlassen. Immer mehr von ihnen wollen gern in ihre Heimat zurückkehren. Nur etwa jeder Zehnte hat es bisher geschafft.

Anne-Katrin Scharlach fährt so oft es geht nach Weißwasser. Sechs Stunden mit dem Auto. Jedes Mal schaut sie in der Geschwister-Scholl-Straße vorbei, wo sie mit Paul gewohnt hat. Das Straßenschild gibt es noch, aber Weiß-wasser Süd ist jetzt Wald. Wo einmal ihr Wohnblock stand, kann sie nur noch erahnen. »In nicht einmal 30 Jahren wurde hier ein Wohngebiet aus dem Boden gestampft und wieder eingestampft«, sagt sie, »aber so es ist halt.« Bis zur Wende hatte Weißwasser 38 000 Einwohner, etwa die Hälfte ist inzwischen abgewandert.

Im Juli 2013 richtete die Stadt Weißwasser ein Service-Telefon für Rückkehrer ein. Anne-Katrin Scharlach meldete sich sofort. »Brauchen Sie eine Wohnung? Suchen Sie einen Kindergartenplatz«, fragte eine Männerstimme am anderen Ende der Leitung. Anne-Katrin Scharlach erwiderte freundlich, dass sie das selbst organisieren könne. Was sie brauche, sei eine Arbeit.

Im Februar war Anne-Katrin Scharlach einen halben Tag lang glücklich. Zittau, nur anderthalb Stunden mit dem Auto von Weißwasser entfernt, suchte eine Bibliotheks-assistentin. Sie fuhr zum Bewerbungsgespräch. Es lief ausgezeichnet für sie. Doch als man ihr die Höhe des Monatsgehalts nannte, zerplatzte ihr Glück wie ein zu heftig aufgeblasener Luftballon. Unterm Strich 600 Euro weniger – sie rechnete einmal, zweimal, dreimal, das Ergebnis war immer dasselbe: So kann man nicht leben.

Nach diesem Bewerbungsgespräch ging es ihr ein paar Tage lang nicht gut. Sie hat es sich nicht anmerken lassen. Die Enttäuschung geht vorbei und das Leben weiter.

In der Fachbibliothek wimmelt es jetzt von Studenten. Anne-Katrin Scharlach hat zu tun. Eine leichte Röte zeichnet sich in ihr Gesicht. Ihre heiteren Mundwinkel verraten, dass sie diese Anstrengung mag. Anne-Katrin Scharlach ist »keine Erfolgsgeschichte«, aber sie ist, was sie vielleicht gar nicht weiß, eine Kämpferin. »Suche, Seele, suche.« Aus Heimweh, sagt sie, ist Sehnsucht geworden. Sie hat sie sich selbst verschrieben, ein Rezept gegen die Heimatlosigkeit. »Eine Sehnsucht muss sich nicht erfüllen«, findet sie. Aber es ist eine Sehnsucht.

Der Humor Gottes

Janette Obara ist recht allein unter Atheisten.
Sie ist Pfarrerin in der Altmark.
Dort ist sie nicht nur für eine Kirche zuständig,
sondern gleich für zwölf.

Von Jens Blankennagel

Auch in diesem Dorf soll Gott irgendwo wohnen, aber sein Haus ist gar nicht so leicht zu finden. Jedenfalls nicht auf den ersten Blick. Der Turm der alten Kirche ist zwar wuchtig, doch die riesigen Linden, Eichen und Platanen ringsherum verdecken die Sicht. Auch das ziegelrote alte Pfarrhaus auf der anderen Straßenseite verschwindet an diesem prächtigen Sommertag fast unter all dem satten Grün. Janette Obara öffnet die Tür und lächelt ihr fröhliches Lächeln, als sie hinaus in die Sonne tritt. Sie zieht sich ihre dünne Strickjacke etwas enger um den Körper und sagt: »Ach, wie schön warm es doch hier draußen ist. Das Pfarrhaus ist selbst im Hochsommer immer recht kühl.«

Janette Obara ist eine der wenigen Christen in dieser eher gottlosen Gegend mitten im Osten Deutschlands. Sie ist die Pfarrerin von Grieben in der Altmark, im Norden von Sachsen-Anhalt, einem toten Winkel im weiten Nirgendwo zwischen Magdeburg und Schwerin. Diese von der mächtigen Elbe zerschnittene Landschaft ist platt, einsam und wunderschön. Weite Heide, endlose Felder, dunkle Wälder. Viele Störche, wenige Menschen. Der Boden ist meist sandig und so arm, dass sich hier vor allem die genügsame Kiefer wohl fühlt. Mitten in der Altmark, im Dorf Berge, ist Janette Obara geboren worden.

Die Pfarrerin ist eine kleine, zierliche Frau, die jünger

wirkt als 35. In jenem Jahr, als die Mauer fiel, war sie gerade zehn Jahre alt geworden. Damals, in der DDR, galten Pfaffen nicht gerade als Freunde des Staates. Heute ist Janette Obara nicht nur Pfarrerin in einen Dorf, sondern zuständig für zwölf Kirchen in 14 Orten, die so schöne Namen tragen wie Ütz, Cobbel und Sandfurth. Sie ist eine echte Sonntagsfahrerin: Bis zu drei Gottesdienste absolviert sie am höchsten Tag der Woche. Bundesweit sind mehr als 60 Prozent der Bürger in einer christlichen Kirche, hier sind es gerade einmal 15 Prozent.

»Vor 100 Jahren gab es hier noch vier Pfarrämter«, erzählt sie, während sie durch den weiten Garten läuft. »Selbst Ende der neunziger Jahre waren es noch zwei Pfarrstellen, nun ist es nur noch eine. Es ist schon eine echte Herausforderung«, sagt sie. »Ich sitze fast mehr im Auto, als dass ich bei den Menschen sein kann.« Grieben ist die erste Pfarrstelle, für die sie ganz allein verantwortlich ist, und anders als in reicheren Landeskirchen üblich ist sie hier für alles selbst verantwortlich. »Die Pfarrerin, der Hausmeister, die Sekretärin und der Küster, die heißen hier alle Obara«, sagt sie.

Dass Janette Obara eine Pfarrerin geworden ist, hat auch einige in ihrer Familie überrascht, dabei wirkt es im Nachhinein fast folgerichtig. Schon ihr Taufspruch beginnt mit den Worten »Seid aber Täter des Wortes und nicht Hörer allein.« Sie entstammt einer Familie von Landarbeitern und Handwerkern. Christen, bei denen der Glaube aber nicht als Dogma gesehen wurde. »Erst beim Theologiestudium habe ich Leute kennengelernt, die ihr Christsein in der DDR in strenger Abgrenzung gelebt haben«, erzählt sie. Ihre Mutter sei zwar immer im Gemeindekirchenrat gewesen, aber gemeinsam gebetet wurde zu Hause nicht.

Ihre Eltern hatten schon damals eine private Bäckerei, arbeiteten viel und hatten wenig Zeit. Noch bevor sie lesen konnte, sang sie die Lieder in der Kirche mit und ging früh in die Christenlehre. »Es hieß immer, ich sei bei Kirchens aufgewachsen«, erzählt Janette Obara. Doch sie war auch – so wie alle in ihrer Schule – bei den Jungen Pionieren. Die atheistische DDR hat ihre Kindheit geprägt und das Leben ihrer Familie.

Sie erinnert sich daran, wie ungewöhnlich sie es als Kind fand, dass ihre Eltern eine Zeit lang an einem bestimmen Tag der Woche abends das Haus verließen. Ohne eine schlüssige Erklärung. »Es war der Herbst 1989, und sie fuhren heimlich zu den Montagsdemos nach Osterburg. Uns sagten sie nichts, wollten uns nicht beunruhigen. Niemand wusste, was passiert, wenn sie dort aufgegriffen werden.«

Die Sache mit der Mauer und dem geteilten Land war ihr früh erklärt worden, aber verstanden hatte sie das nicht. Sie war sechs, als entfernte Verwandte zu Besuch kamen, die sie sehr mochte – sie waren aus dem Westen, aus Wolfsburg. Janette fragte: Wann können wir euch besuchen? Die Erwachsenen erklärten dem Kind: Du musst warten, bis du 18 Jahre alt bist, dann darfst du zwar einen Ausreiseantrag in den Westen stellen, kannst aber nie wieder zurück zu deinen Eltern. Irgendwann kam dann ein Brief von den Wolfsburgern, da stand drin: Die Mauer ist offen, wann kommt ihr endlich? Zwei Wochen später fuhr ihre Familie nach Wolfsburg, und Janette aß ihre erste Pizza. »Salami-Pizza. Das war cool. Und ich erinnere mich noch, dass meine Schwester sich nicht traute, das Toilettenpapier zu benutzen. Sie dachte, das ist so etwas wie eine Tapete, weil da Blumen draufgedruckt waren.« Sie überlegt kurz und sagt: »Tja, was wäre bloß aus meinem Leben geworden, wenn die

Mauer nicht gefallen wäre? Wie sähe mein Weg wohl aus in der DDR? Wäre ich Pionierleiterin geworden?« Sie schüttelt den Kopf. »Kann ich mir nicht vorstellen. Wirklich nicht. Vielleicht wäre ich auch Pfarrerin geworden, aber es wäre alles sehr viel schwerer gewesen. Denn Christen galten als weltfremde Leute.«

Die Altmark ist eine dieser vergessenen Ecken der Republik. Es gibt nur eine einzige Brücke über die Elbe, ansonsten wird Fähre gefahren; zudem ist die Altmark noch immer das Zentrum des größten weißen Flecks im ansonsten so dichten bundesdeutschen Autobahnnetz. Dabei gilt die Altmark als eine der ältesten deutschen Kulturlandschaften überhaupt. Historiker bezeichnen sie als Ausgangspunkt der Christianisierung des Ostens, als Wiege Brandenburgs oder gar Preußens. Einst war die Altmark eine gottesfürchtige Gegend. Davon künden die 517 Kirchen. Heute überwiegt die Skepsis gegenüber allem, was mit Kirche zu tun hat.

»Hier in der Altmark finden Sie alles«, sagt Janette Obara, während sie hinüber zu ihrer Kirche geht. »Vom Abergläubigen bis zum frömmigen Christen. Oft auch in einer einzigen Person.«

Der Kirche ist anzusehen, dass das Dorf nie wirklich reich war. Der untere Teil ist billig aus Feldsteinen gemauert, der obere aus roten Ziegeln. Die Pfarrerin schließt die Tür auf. Die Kirche ist innen karg; auffällig sind nur die strahlend bunten Glasfenster und die Orgel. Selbst der Altar ist äußerst schlicht. Einfache rote Ziegel. An der Wand daneben steht »Gott ist die Liebe«.

Die vielen Sitzreihen der Kirche fassen mehr als 200 Gläubige, doch zu normalen Gottesdiensten sind bestenfalls 20 Plätze besetzt. Weihnachten ist die Kirche natürlich voll. Noch voller war sie zuletzt nur am 1. April 2011, als Janette Obara als neue Pfarrerin eingesegnet wurde. In anderen Dörfern hält sie ihre Gottesdienste auch mal vor vier Gläubigen. Sie merkt schnell, ob die Leute wenigstens ein wenig Ahnung von Religion haben. »Ich stelle mich als Pfarrerin vor, und manche glauben dann tatsächlich, ich sei eine Fahrerin.«

Sie trägt eine modische Jeans und ein gelbes Polohemd, sie wirkt wie eine Sozialarbeiterin, was wohl vor allem an ihrem fröhlichen Lachen liegt und ihrem lockeren Tonfall. Wie ernst diese Frau ist, zeigt sich, sobald sie über Gott und die Welt redet: über die Segnungen des Glaubens und über die Mühen in einer eher gottlosen Welt. Wenn sie zum Beispiel erzählt, dass auch der Glaube keine perfekte Sache ist, sondern vor allem Arbeit und ständige Suche und dass Gottes Autorität nicht an den Buchstaben der Bibel hängt.

Natürlich hätte es Janette Obara in den alten Bundesländern viel leichter. »Aber dafür ist das Christsein hier bei uns noch ein echtes Bekenntnis«, sagt sie. Sie muss viel Aufklärungsarbeit leisten. »Manchen Leuten muss ich tatsächlich noch erklären, dass es einen Unterschied gibt zwischen katholischer und evangelischer Kirche und dass ich als evangelische Pfarrerin heiraten darf.«

Nach der Schule wusste Janette Obara nicht recht, was sie werden will, vielleicht Lehrerin für Biologie, Geschichte und Deutsch. Dann liebäugelte sie mit Psychologie. Und wählte schließlich Theologie. »Ich wollte etwas mit Menschen machen, und ich fand es toll, mich damit auseinanderzusetzen, wie sich viel schlauere Köpfe als ich mit Glaubensfragen und Glaubenszweifeln auseinandergesetzt haben.« Außerdem sei Theologie für sie das umfassendste Studium überhaupt. Es bietet Geschichte, Psychologie,

Soziologie, Philosophie, Pädagogik und alte Sprachen – und natürlich Religion. Sie hat in Rostock, Münster und Halle studiert, wollte dann aber unbedingt zurück in ihre Heimat.

Sie probiert noch mal kurz ihren Talar über, denn am nächsten Tag steht eine Taufe an, eigentlich sind es gleich drei Taufen auf einmal: drei Kinder im Alter von zwei bis vier Jahren. In ihrem schwarzen Gewand wirkt die Pfarrerin gleich ganz feierlich. Sie erzählt, dass extra ein Talarschneider vorbeikam, um Maß zu nehmen. Das gute Stück kostete 500 Euro. »Früher bin ich mit einem uralten Passat umhergefahren«, sagt sie. »Da war es eine echte Wertsteigerung, wenn ich meinen Talar reingelegt habe.«

Nach den Taufen zieht sie den Talar wieder aus und läuft durchs Dorf, sie will kurz in den Blumenladen, der vom Blumenverkaufen allein längst nicht leben kann und auch Brötchen, Nudeln, Konserven, Wein und Bier anbietet. Der Laden ist zudem die örtliche Post, und die Pfarrerin will schauen, ob Briefe für sie gekommen sind. Unterwegs grüßt sie jeden mit ihrer unbedingten Freundlichkeit. Wirklich jeden. Den alten Mann von schräg gegenüber, das Mädchen mit dem bunten Kleid und natürlich die Männer von der Feuerwehr. Sie grüßt auch die alte Frau auf dem Fahrrad, die verbissen dreinschaut und die nie zurückgrüßt.

Einige von ihnen waren noch offiziell Kirchenmitglied, als die Mauer fiel. Oft wird vergessen, dass die Kirchen den massiven Exodus an Mitgliedern zwar in der DDR-Zeit erlebt haben, dass aber nach der Vereinigung eine zweite große Austrittswelle folgte. Ausgerechnet zu Zeiten, als es auch im Osten wieder einfach war, Christ zu sein. Die Leute waren nicht etwa plötzlich vom Glauben abgefallen, das war schon vorher geschehen – es ging meist um die Kirchensteuer. In der DDR wurde sie vom Pfarrer eingetrieben, indem er die Mitglieder an der Haustür fragte: Wie viel verdienst du? »Viele zahlten einfach nicht«, erzählt die Pfarrerin. »Doch das funktionierte nicht mehr, als die Steuer vom Finanzamt einbehalten wurde.«

Weniger Mitglieder bedeuten aber für sie nicht unbedingt weniger Arbeit. Andere Pfarrer müssen nur eine Predigt pro Wochen schreiben, sie aber hat mehrere Gottesdienste an einem Wochenende und kann und will nicht überall dasselbe sagen. »Es gibt Gläubige, die zu mehreren Gottesdiensten am Wochenende kommen.« Auch sie fährt viel herum. In ihrem Arbeitszimmer greift sie zum Fahrtenbuch und schaut nach: Allein von Januar bis April waren es fast 3000 Kilometer.

Und der Kreis der Gläubigen wird immer kleiner. »Ich beerdige hier mehr, als dass ich taufe«, sagt sie. Und doch merkt sie immer wieder, dass da bei einigen Leuten noch ein Rest an Verbundenheit zur Kirche besteht, sonst würden sie sich vor ihr nicht ständig rechtfertigen, warum sie ausgetreten sind. »In der Vorstellung vieler Leute hier können Glaube und Wissenschaft nicht nebeneinander existieren. Sie halten sich an den sowjetischen Kosmonauten Juri Gagarin, der nach dem allerersten Flug ins All gesagt hat, dass er Gott dort nicht gesehen habe.«

Sie sieht sich nicht als Missionarin, aber sie freut sich natürlich, wenn es Leute gibt, die sich durch die Begegnung mit ihr wieder dem Glauben annähern. Sie erzählt von Leuten, die sie als »Freunde der Kirche« bezeichnet. Leute, die zwar einst ausgetreten sind, die aber gern und oft helfen, jedoch nicht wieder eintreten wollen, weil sie nicht als Wendehälse gelten wollen. Und sie erzählt von einer alten Frau, die vor sehr vielen Jahren aus der Kirche austrat, nachdem ihre geliebte Großmutter starb und sie nicht mehr an einen barmherzigen Gott glauben konnte. Diese Frau hat zu ihr gesagt: Wer gebildet ist, kann doch nicht an Gott glauben. »Ich finde, Gott hat Humor«, sagt die Pfarrerin, »denn genau diese Frau ist diejenige, die inzwischen am häufigsten in der Kirche ist; sie betreut das Kirchenarchiv und betreibt Ahnenforschung.« Diese Frau finde es gut, dass sich die Kirche dem Frieden verpflichtet fühlt und auch dem Erhalt der Schöpfung. Doch glauben? Nein. »Aber wenn ich ein Gebet spreche oder sie segne, dann merke ich, dass da etwas ist bei ihr, und sie bestätigt mir das auch. Sie hat, wie so viele, nicht den Mut, sich auf den Weg zu machen und wieder in die Kirche einzutreten.«

Und dann erzählt Janette Obara noch, woher bei ihr dieser Wille kommt, für andere da sein zu wollen. Bei ihren Eltern, in der Bäckerei, da klingelte es auch ständig nach Ladenschluss, und die Leute brauchten dringend noch irgendetwas. »Im Laden wurde immer geredet, über das Leben und die Nöte«, sagt die Pfarrerin. »Das war für mich die beste Schule fürs Leben.«

Von seiner Bäckerei allein kann ihr Vater in seinem winzigen Dorf inzwischen nur schwer leben, deshalb fährt er mit seinen Backwaren durch die Altmark und bringt den Leuten auch noch alles Mögliche aus den anderen Läden mit. »Wir fahren beide über die Dörfer: Ich fahre zu meinen zwölf Kirchen, und er bringt den Menschen Brot, Lebensmittel, Milch oder Medikamente. Wir sind beide unterwegs zu den Menschen, und beides ist irgendwie Seelsorge.«

Die zweite Reihe

Ursula Kleinert hat als junge Frau im Oktoberklub
gesungen. Das politische Lied hat sie nie losgelassen.
Seit ein paar Jahren singt sie wieder mit
Gleichgesinnten in einer Band.

Von Kerstin Krupp

Der Griff in die Jacketttasche geht ins Leere. Die Brille ist
nicht da. Ursula Kleinert hat vergessen, sie einzustecken.
Nun steht sie ganz vorn auf der Bühne am Mikrofon, im
grellen Scheinwerferlicht, die anderen Musiker spielen
schon, und sie kann die Worte auf dem Zettel nicht entzif-
fern. Eigentlich kennt sie das Lied von Sacco und Vanzetti
auswendig, die Geschichte zweier italienischer Anarchis-
ten, die vor bald neunzig Jahren in den USA nach einem un-
fairen Prozess zum Tode verurteilt wurden. Ein wichtiges
Lied, findet Ursula Kleinert, die alle nur Uschi nennen. Daher wollte sie es nicht nur auf Deutsch, sondern auch auf
Englisch und Französisch singen. Aber die französischen
Worte kann sie sich diesmal in der Aufregung nicht merken. Daher der Zettel. Und die Brille.

Die Leute in der Wabe, einem Konzertsaal im Berliner
Ernst-Thälmann-Park, nehmen das nicht übel. Im Gegenteil. Wer zu dem Konzert der Band allyouneedisLied gekommen ist, weiß, dass die zwölf Männer und Frauen auf
der Bühne zwar erfahrene, aber eben keine professionellen
Musiker sind. Die meisten sind um die sechzig und in der
DDR aufgewachsen, ein paar jünger und im Westen sozialisiert. Den 200 Zuhörern im Saal geht es nicht in erster Linie
um Perfektion, eher um eine Begegnung mit alt bekannten
und womöglich lange nicht gehörten Liedern. Viele singen

mit, kennen die Lieder von Gerhard Gundermann, Dylan, Bayon, Pete Seeger oder Silly auswendig.

Normalerweise steht Uschi Kleinert nicht in der ersten Reihe, sondern im Hintergrund, mit zwei anderen »Mädels«, wie sie ihre fast gleichaltrigen Band-Kolleginnen nennt. Da ist ihr Platz. »Ich habe mich nie gedrückt vor ganz vorn«, sagt sie, »aber die Erfolge in der leicht unterschätzten zweiten Reihe haben mich gestärkt.« Das zieht sich wie ein roter Faden durch ihr Leben.

An einem anderen Tag sitzt Uschi Kleinert in ihrem Büro, eine Etage über dem Konzertsaal. Sie ist die Leiterin der Wabe, bucht Bands, organisiert Konzerte und Festivals. Der Weg zu ihr führt die Treppe hoch, vorbei an lückenlos geklebten Plakaten von Lucilectric, Gerhard Schöne, der Bolschewistischen Kulturkapelle, Space Hobos oder Rosenstolz. Im Büro stehen die Fenster weit offen, warme Luft lässt die Blätter der Pappel vor dem Haus zittern. An der Wand ein Artikel der *Jungen Welt* aus dem Jahr 1990. Das Foto zeigt den massigen Helmut Kohl, Kanzler der BRD, wie er dem zierlichen Lothar de Maizière, letzter Staatschef der DDR, die Hand schüttelt. Uschi Kleinert muss jedes Mal lachen, wenn sie das Bild betrachtet. »Diese Doppeldeutigkeit. Der riesengroße Kerl und dann dieser kleine Ostdeutsche.«

Die Einrichtung ist spartanisch, Schreibtisch, Computer, Tresor, in der Ecke ein brauner Kunstledersessel. Das Bezirksamt Pankow ist Träger des Hauses und dessen Geld immer knapp. Uschi Kleinert hat die blonden Haare hochgesteckt. Sie ist eine dieser Frauen, die selbst mit Ringelshirt und Jeans eine lässige Eleganz ausstrahlen.

Fünf Jahre ist es her, dass Michael Höft auf dem Stuhl vor ihrem Schreibtisch Platz nahm. Er ist der künstlerische Lei-

ter von allyouneedisLied und möchte Uschi für die Band gewinnen. Die beiden kennen sich lange, sangen als nicht einmal Zwanzigjährige im Oktoberklub, Micha in der ersten, Uschi in der zweiten Reihe.

Der Oktoberklub war der bekannteste der sogenannten Singeklubs, politische Liedgruppen, die 1966, inspiriert vom Folk-Revival in den USA und unterstützt von der Jugendorganisation FDJ, entstanden. Die Sängerin Tamara Danz gehörte anfangs dazu oder auch die Liedermacherin Bettina Wegner, die später in den Westen ging. Die Klubs waren neu in einer DDR, wo Parteichef Walter Ulbricht noch 1965 auf dem 11. Plenum der SED-Führung mit folgenden Worten jede kritische Jugendkultur und das Verbot westlicher Beatmusik ankündigte: »Ich denke Genossen, mit der Monotonie des Je-Je-Je, und wie das alles heißt, ja, sollte man doch Schluss machen.«

Uschi Kleinert ist 19 Jahre alt, als sie zum Oktoberklub stößt. Sie ist nicht unerfahren. Als Elfjährige meisterte sie mit dem Lied »Die Heimat hat sich schön gemacht« die Aufnahmeprüfung für das Kinderensemble des Friedrichstadt-Palasts. Als Sopranstimme im Kinderchor begleitete sie Stars wie Meister Nadelöhr, Meister Briefmarke oder Clown Ferdinand auf der Ostberliner Revuebühne. »Das Chorsingen hat mich geprägt, ich bin ein Team-Mensch«, sagt sie.

Als Mitglied des Oktoberklubs zählt das Mädchen, das so gern Musik von Liedermachern wie Joan Baez, Woody Guthrie oder eben Pete Seeger im Jugendsender DT 64 hört, zu den Privilegierten in der DDR. Die jungen Musiker dürfen reisen, werden als Aushängeschild des Sozialismus in die Welt geschickt, nach Mexiko, Frankreich, Finnland, Italien und in die Bundesrepublik. »Wir wurden von Linken im

Ausland bewundert und bejubelt«, beschreibt Uschi Kleinert die Stimmung in den frühen siebziger Jahren, »wir waren die, die es geschafft hatten.« 1975, im Jahr nach der Nelkenrevolution in Portugal, die das Ende der Diktatur brachte, sangen die jungen Botschafter des real existierenden Sozialismus vor 15 000 jubelnden, Menschen. »So viel Begeisterung hatten wir nicht einmal in der DDR erlebt.«

An diese Zeit erinnert das Lied »Grandola, Vila Morena«, im Programm von allyouneedisLied. Am 25. April 1974 um 0.30 Uhr wurde mit dem im Rundfunk gesendeten Lied das Zeichen zum Umsturz gegeben. Das sind Geschichten und Daten, die Uschi Kleinert verinnerlicht hat. Sie hat eine Leidenschaft für Lieder, die revolutionäre Bewegungen begleitet haben, und kennt sich aus im musikalischen Klassenkampf.

Zu Hause wollte der Oktoberklub auch den realen Alltag in der DDR besingen. Das gelang in den ersten Jahren noch ganz gut, später immer weniger. Darüber, wie weit man gehen darf, gab es unter den Protagonisten im Klub und mit der FDJ immer wieder heftige Auseinandersetzungen. Mancher Musiker kehrte dem Klub enttäuscht den Rücken. Uschi Kleinert war an diesen Diskussionen nicht beteiligt. Das machten andere. »Im Nachhinein muss ich sagen, ich war ein naiver Mitläufer, aber ich habe an die Sache geglaubt.« Vielleicht haben sie ihr auch zu wenig zugetraut.

Im Leben jenseits des Oktoberklubs schließt die junge Frau derweil eine Ausbildung zur Fremdsprachenkorrespondentin für Russisch und Englisch ab, bringt sich selbst Spanisch bei und verdient ihr Geld als Angestellte im Außenhandelsbetrieb für Glas und Keramik. Später absolviert sie nebenher ein fünfjähriges Fernstudium zur Außenwirtschaftsökonomin. Das klingt nach Ehrgeiz. Aber wenn sie erzählt, wird klar: Die Hauptrolle spielten die Musik, die Konzerte, das Zusammensein mit Gleichgesinnten, die Reisen – und die Familie. Mit ihrem Mann, auch Mitglied des Oktoberklubs, konnte sie das teilen. Mit der übrigen Familie oder den Freunden nicht alles, zumindest nicht das Reisen. Das hätte nur Unfrieden gegeben. Wo Kleinerts Mutter nicht einmal zur Goldenen Hochzeit der eigenen Eltern nach Schleswig-Holstein fahren darf. Eine Ungerechtigkeit. Uschi Kleinerts Glaube an das Land erschüttert das nicht.

Diese Liebe zur Heimat war ihr nicht in die Wiege gelegt. Ihr Vater hatte eine andere Vorstellung vom Sozialismus als die Staatsführung der DDR. Er war jemand, der gerne Nein sagte, nicht zur Wahl ging und der Tochter, dem ältesten von vier Kindern, erst einmal die Pioniere und später die FDJ verbot. »Und ich wollte doch unbedingt dazugehören«, erinnert sich Uschi Kleinert. Die Mutter, die in der familieneigenen Drogerie in der Winsstraße, dann später in einem Seifen-Wirtschaftsladen hart arbeitete und sich liebevoll um die Kinder kümmerte, hatte gar keine Zeit und Ruhe, sich in solche Diskussionen einzubringen.

Aber etwas ganz Wichtiges hat der Vater der Tochter mitgegeben: Dankbarkeit für den Frieden. »Ich bin so aufgewachsen, dass ich immer die Jahre zähle, die der Krieg schon vorbei ist. Das hat mich total geprägt.« Die DDR galt Uschi Kleinert als Garant dieses Friedens. Die Friedensjahre zählt sie übrigens heute noch.

Mit ihren Auslandskontakten wird die junge Frau für die Stasi interessant. »Ich bin doch kein Spitzel!«, lehnt Uschi Kleinert den Anwerbeversuch allerdings empört ab. So steht es in der Akte, die das Bezirksamt Pankow vor ihrer Einstellung von der Stasi-Unterlagen-Behörde anforderte.

1986, Uschi Kleinert hat inzwischen eine Tochter, die sie

allein erzieht, und der Oktoberklub gehört für sie schon einige Jahre der Vergangenheit an, möchte die FDJ sie für ihr Festivalbüro gewinnen. Uschi Kleinert muss nicht lange überlegen. Nach 18 Jahren im Außenhandel beendet sie ihr Arbeitsverhältnis, um für 200 DDR-Mark weniger ausländische Musiker für Auftritte auf dem Festival des politischen Liedes und dem Liedersommer zu gewinnen. Für sie ein Glücksfall. »Das entsprach völlig meinen Fähigkeiten und Neigungen«, sagt Uschi Kleinert.

Herman van Veen, Latin Quarter, Billy Bragg, Angelo Branduardi oder The Pogues – das Festival zog bekannte Namen ins Land, die oft gegen Naturalien auftraten, Schmuck etwa, ein Flügel, ein Akkordeon oder Kaviar. Uschi Kleinert liegt der Job, die Zusammenarbeit mit den Musikern, das Organisieren. Und sie hat Erfolg. Kurz vor dem Mauerfall lädt sie das bekannte New Yorker CMJ-Musikfestival ein, weil die Veranstalter nach einem Besuch des Ost-Berliner Festivals von ihrer Arbeit angetan sind. An die Tage erinnert sich Uschi Kleinert gern. »Wir waren die Ost-Exoten«, sagt sie. Ein Bonus, der ihr manche Tür öffnet. Die Amerikaner sind neugierig, und Uschi Kleinert nutzt das für ihr Festival, lernt Künstler kennen, verhandelt mit dem Management von Suzanne Vega, besucht ein Konzert von Lou Reed, spricht Sting auf der Straße an, ob er nicht im Berliner Ensemble mit seinen Brecht-Liedern auftreten will. Kaum ist sie zurück in Ost-Berlin, fällt die Mauer.

Eine Woche lässt sie sich Zeit, bevor sie mit ihrer damals achtjährigen Tochter Lisa durch den Übergang Bornholmer Straße in den Westen geht. Von einem Lastwagen verteilen Supermarktangestellte Schokolade und Kaffee. Die Leute drängeln, auch Lisa will Schokolade. Aber Uschi Kleinert will sich da nicht hinstellen als Bittstellerin und sagt: »Tut mir leid, Lisa, wir haben selber welche zu Hause.« Gerade noch wurde sie in New York als DDR-Bürgerin umworben, jetzt soll sie um Süßigkeiten rangeln.

Das Festivalbüro wird 1990 abgewickelt. Im Sommer ist Uschi Kleinert arbeitslos. Doch sie hat Glück. Der damalige Leiter der Wabe kennt sie und möchte sie für die Öffentlichkeitsarbeit seines Hauses. Sie sagt zu. Ein Neuanfang, wieder in der zweiten Reihe. Drei Jahre später muss ihr Chef nach drastischen Stellenstreichungen im Öffentlichen Dienst gehen. Seither führt Uschi Kleinert die Wabe, die sie in den über 20 Jahren immer wieder gegen Sparwünsche und Kritik des Bezirks hat verteidigen können. Mehrmals sind Hunderte von Künstlern und anderen Unterstützern für das Haus auf die Straße gegangen. Einige von ihnen hatten ihre ersten Auftritte in der Wabe, Rosenstolz etwa, Wir sind Helden, Gregor Meyle oder Olaf Schubert. »Jeder Künstler, der ein anspruchsvolles Programm bietet, kann sich in der Wabe bewerben«, das ist das Motto der Hausherrin. Ganz gleich, ob Punk, Kinderkabarett oder Chanson. »Ich stehe für künstlerische Brüche in der Programmgestaltung.«

Aber auch für Kontinuität. Uschi Kleinert ermöglichte in der Wabe eine Wiederbelebung des Festivals des politischen Liedes im Kleinformat. Diese Musik liegt ihr besonders am Herzen, von da kommt sie selbst. Mit der Band allyouneedisLied hat sie auch privat an diese Vergangenheit angeknüpft, hat mit Menschen wieder zusammengefunden, die sie vor mehr als 40 Jahren in der Singebewegung kennengelernt hatte. »Das Singen ist so wichtig, es löst etwas ganz Besonders aus in einem, vor allem in der Gemeinschaft«, sagt Uschi Kleinert. Sie diskutieren heute viel darüber, welche ihrer früheren Lieder sie überhaupt noch singen können, welche Dokumente ihrer Zeit sind, Propagandalieder etwa, und welche Bestand haben.

Sacco und Vanzetti wollten einige aus der Band erst nicht ins Repertoire aufnehmen. Aber Uschi Kleinert ließ sich nicht beirren. Das Publikum in der Wabe gibt ihr mit seinem Applaus recht.

Auf dem Mittelweg

Siegfried Bülow war einst für die Produktion
des Barkas zuständig. Heute ist er der Chef des
Leipziger Porsche-Werks – und bodenständig
geblieben.

Von Susanne Lenz

Besucher, die mit Siegfried Bülows Lebensweg nicht vertraut sind, würden sich wundern. Da steht im Büro des Chef des Leipziger Porsche-Werks das Modell eines gelben kleinen Busses, der aussieht, wie ein Fahrzeug aus einem Kinderfilm. Ein Barkas. Kaum ein Gefährt könnte sich mehr von dem Produkt unterscheiden, das in der Montagehalle nebenan produziert wird, dem schnittigen Porsche Macan. Die beiden unterschiedlichen Wagentypen markieren den Beginn und den Endpunkt der Karriere des Autobauers Siegfried Bülow. Es ist eine kuriose Karriere, die nur durch die deutsche Geschichte möglich wurde: dass jemand, der einst für die Produktion des bodenständigen Barkas in der DDR zuständig war, heute das Luxusauto Porsche baut.

»Ui, zum großen Chef«, sagt der junge Mann, der am Eingang zum Porschewerk Leipzig an der Schranke steht, als er erfährt, wohin die Gäste wollen. In dem kleinen Empfangsgebäude gibt es die Besucherausweise. Der freundliche junge Mann in der hellgrauen Firmenjacke warnt einen noch, nicht etwa mit den Fahrzeugen zu kollidieren, die die linkerhand zwischen den Grünflächen liegende Teststrecke nutzen. »Die haben manchmal ganz schön Fahrt drauf.« Dann geht es die schnurgerade Ahornallee auf ein kegelförmiges Gebäude zu, das einem Raumschiff gleicht. Hier muss es sein! Drinnen am Empfang erfährt man dann je-

doch, dass Siegfried Bülow in dem Flachbau auf der anderen Straßenseite sein Büro hat.

Der Raum 001.19 hat Wände aus Glas, er ist nach oben offen. Nicht alle kommen mit so viel Transparenz zurecht. An der Tür des Büros gegenüber bringen gerade zwei Arbeiter milchige Klebestreifen an. Neue Kollegen sind gegen die Scheiben geprallt. Einen Tisch für Besucher gibt es im Büro von Siegfried Bülow, zwei Palmen. Und auf dem Regal hinter dem Schreibtisch thront der gelbe Barkas. Wie ein Signal wirkt das. So als wolle Siegfried Bülow allen anzeigen, dass er seine Vergangenheit ein Teil von ihm ist.

Siegfried Bülow sitzt hinter dem Schreibtisch und liest. Er hat nichts von einem dieser fitnessstudioschlanken Typen, die in manchen Chefetagen vorkommen. Groß und grauhaarig ist er, stattlich. Sein Jackett hängt am Kleiderständer, das weiße Hemd ziert das Porsche-Logo. Bodenständig wirkt er.

Siegfried Bülow ist 62 Jahre alt, geboren in Chemnitz, Sachsen, dieser Stadt, die zu DDR-Zeiten in Karl-Marx-Stadt umbenannt wurde und die jetzt wieder Chemnitz heißt. Für Autos interessierte er sich schon als Junge. Er und seine Kumpels waren pfiffig. »Wir hatten Adressen, da haben wir hingeschrieben, und es kamen Prospekte zurück«, sagt er. Es klingt, als wundere er sich heute noch darüber. Mit den Abbildungen dieser Autoprospekte pflasterte Siegfried Bülow die Wände seines Kinderzimmers. »Mein Lieblingsauto war der Ford Mustang«, sagt er. »Und wenn jemand in der Nachbarschaft Westbesuch hatte, dann haben wir uns die Nasen an deren Autos platt gedrückt.«

Wenn es nach seinem Vater gegangen wäre, einst Dreher bei der Auto Union, wäre Siegfried Bülow Lehrer geworden. Er wollte aber nicht. »Also hab' ich das verhindert«, sagt er.

Im entscheidenden Schulhalbjahr sank plötzlich sein Notendurchschnitt, und der Weg war frei für die Werkzeugmacherlehrer beim VEB Barkas-Werke. Nebenbei studierte er dann doch noch, Maschinenbau. Mit 26 Jahren kaufte er sich sein erstes Auto, einen gebrauchten Trabi. Was der gekostet hat? Der Autokauf liegt mehr als 30 Jahre zurück, aber bei der Antwort muss Bülow keine Sekunde überlegen: »7800 Mark.« Später fuhr er Wartburg.

Siegfried Bülow machte Karriere bei Barkas, er trat in die SED ein. Er habe gern gemeckert und habe gehofft, dort eher gehört zu werden. »Das System war für mich gegeben, ich bin davon ausgegangen, dass mein Leben in diesem Rahmen abläuft. Hinterher anders zu urteilen, wäre in meinen Augen zu leicht.« Es hätte jedenfalls so weitergehen können für ihn. Doch er wusste vielleicht früher als andere, dass das nicht so sein würde, dass es mit der DDR-Ökonomie zu Ende ging, auch wenn er sich nicht vorstellen konnte, was dann kommen würde.

Er sah den Mangel im Werk, die vielen ungelösten Probleme. Siegfried Bülow erzählt von der einzigen Urlaubsreise der Familie ins Ausland, nach Ungarn. Den Ferienplatz konnten sie in der DDR bezahlen, so hatten sie das Geld, das sie umtauschen durften, zum Ausgeben. Trotzdem sei es knapp gewesen. In dem Feriendomizil wohnte er neben einem Arbeitslosen aus der Bundesrepublik. »Ich war Leiter in einem Werk und musste meinen Kindern jeden Morgen ein kleines Häufchen Geld zuteilen«, sagt er, und man merkt, wie ihn das heute noch aufregt. »Die haben wie die Made im Speck gelebt, und wir saßen da wie die Deppen.« Immerhin, der Zimmernachbar gab ihnen seine ausgelesenen West-Zeitungen. Die Familie Bülow machte später nur noch Camping-Urlaube an der Ostsee.

Siegfried Bülow konnte schon in den Westen fahren, als das für die meisten seiner Mitbürger noch unmöglich war. Seit dem Jahr 1984 gab es eine Kooperation der Barkas-Werke mit VW – das Wolfsburger Unternehmen baute damals eine Polo-Produktion in Zwickau auf –, und von 1986 an fuhr Siegfried Bülow einmal in der Woche nach Wolfsburg. Vor seiner ersten Fahrt musste er unterschreiben, dass er keinen Kontakt zur Schwester seiner Frau aufnehmen würde, die im Westen lebte.

»Das erste Mal in Helmstedt an der Grenze, das war ein komisches Gefühl«, sagt er. Die Grenze sei ein Tabu gewesen, das hatte er verinnerlicht. Er erzählt von der Sondergenehmigung, die er brauchte, als er im Harz Urlaub machte, nur weil sein Ferienort Schirke nicht weit von der Grenze lag. Er erzählt von den beiden älteren Kolleginnen bei Barkas, die im Urlaub im Harz verhaftet wurden, weil sie dem verbotenen Gebiet bei einem Spaziergang aus Versehen zu nahe gekommen waren.

Anfang 1989 fragten sie ihn beim VEB, ob er die Werksleitung übernehmen wolle, der damalige Leiter war schwer erkrankt. In einer anderen Zeit, in einem anderen wirtschaftlichen System wäre das die Krönung einer Karriere gewesen. Siegfried Bülow erschien dieser Schritt damals vor allem als unwägbares Risiko, etwas, bei dem man sich »einen Satz heiße Ohren« holen konnte, wie er es ausdrückt. Sein Verantwortungsbewusstsein siegte. »Wer hätte es sonst machen sollen«, sagt er. Nach der Wende sprach ihm die Belegschaft das Vertrauen aus.

Am Abend des 9. November 1989 saß Siegfried Bülow bei seiner Frau im Krankenhaus. »Ich habe das im Fernsehen verfolgt«, sagt er. »Das ist so an mir vorbeigerauscht.« Er hatte andere Sorgen. Sein Leben veränderte sich dann rasend schnell. VW kaufte die Barkas-Werke, sein Posten wurde überflüssig. Sie boten ihm an, in Wolfsburg zu arbeiten, als Leiter der Lackiererei. Er griff zu.

Wenn man Siegfried Bülow nach den Unterschieden zwischen Wolfsburg und Karl-Marx-Stadt fragt, zwischen Barkas und VW, dann spricht er vom technologischen Niveau. Das sei in Wolfsburg natürlich höher gewesen. »Aber wie man ein Auto baut, ist gleich«, sagt er. »Technik besteht aus Formeln, das ist keine Philosophie.«

Aber dann sagt er doch, dass es schwierig gewesen sei, dort als Ossi Chef zu werden. »Die Menschen waren anders. Selbstbewusster, dominanter. Wir dagegen haben uns persönlich sehr zurückgenommen, so als seien wir weniger wert.« In der Anfangszeit hat er sich als Fremdkörper gefühlt. Der Führungsstil war anders. »Im Osten hatten wir den Arbeiter- und Bauern-Staat, da musste man lange diskutieren, bis die mal bereit waren, samstags eine Sonderschicht zu machen.« Und wehe, er habe am Frauentag nicht jede Kollegin einmal zum Tanz aufgefordert. In Wolfsburg wurde ihm zugetragen, wie man über ihn redete. Beim Metzger zum Beispiel. »Für den Ossi mache ich keinen Finger krumm«, hieß es. Wie er reagiert hat? »Das hat mich angestachelt.« Er hat sich schnell an die andere Arbeitswelt gewöhnt, auch an die Wesensart. Nach einem halben Jahr sei einer der Betriebsräte zu ihm gekommen. Er wolle sich entschuldigen, er habe ihm anfangs nichts zugetraut. Es hat ihn gefreut. »Das hatte Größe.«

Auf solchen Zuspruch allein wollte er sich nicht verlassen. Nur so ist zu erklären, dass er die Disziplin aufbrachte, in seiner Zeit in Wolfsburg zum zweiten Mal neben dem Beruf zu studieren. Betriebswirtschaft, Management. An den Wochenenden las er Fachliteratur, schrieb Hausarbeiten statt freizumachen. Aus dieser Zeit kommen wahrscheinlich Sätze wie: »Kommunikation ist ein Erfolgsfaktor in der Führung.« Aber an das Prinzip glaubt er. Und gerade die Kommunikation hat er im Westen manchmal vermisst. »Bei uns wurde dagegen zu viel geredet.« Er hat einen Mittelweg eingeschlagen.

Nach knapp zehn Jahren in Wolfsburg denkt Siegfried Bülow an Veränderung. In der Zeitung liest er einen Artikel darüber, dass viele mittelständische Unternehmen Probleme haben, einen Nachfolger zu finden, wenn der Chef sich in den Ruhestand verabschiedet. »Ich dachte, das könnte was für mich sein.« Er mag es, wenn es persönlich zugeht, wenn er die Mitarbeiter kennt. Dann kommt ein Anruf, ein Headhunter ist am Apparat. Ob er sich vorstellen könne, für einen namhaften Autohersteller eine Produktion in Sachsen aufzubauen. Es folgt ein geheimes Treffen auf dem Frankfurter Flughafen. »Wie so etwas eben abläuft«, sagt Siegfried Bülow, als sei das Routine für ihn.

Als er erfährt, dass es der Autohersteller Porsche ist, für den er arbeiten soll, freut er sich. Aber mehr noch motiviert ihn der Gedanke, dass er gern etwas zurückgeben will an seine Heimat. Sich um die Probleme dort kümmern, die Arbeitslosigkeit. »Ich fand es richtig, da Verantwortung zu übernehmen«, sagt er. Es ist dieselbe Haltung, mit der er 1989 kurz vor der Wende Chef von Barkas wurde. Damals war er der einzige, der gefragt wurde, jetzt ist er einer von mehreren Kandidaten. Am Ende entscheiden sie sich für ihn. Als er nach zehn Jahren weggeht aus Wolfsburg, bedauern es viele. Die Kiste mit den Dankesschreiben steht bei ihm zu Hause auf dem Boden. Er brauche sie später noch, sagt er, als Rentner, für seine Autobiografie.

Heute ist das Porsche-Werk einer der größten Arbeitgeber in der Gegend, 5000 Menschen arbeiten hier, gut die Hälfte mit einem Arbeitsvertrag von Porsche. Achtzig Prozent der Beschäftigten stammen aus der Region. Manche, die im Westen gearbeitet hätten, seien wegen Porsche wieder zurückgekommen, sagt Bülow. Das Unternehmen ist Sponsor für das Leipziger Gewandhaus und den Opernball, es hat die neue Orgel in der Nikolaikirche bezahlt und unterstützt die Jugendwerkstatt Garage. Siegfried Bülow weiß, dass so etwas wichtig ist, wenn es um die soziale Akzeptanz geht für ein Produkt wie Porsche. Im vergangenen Jahr wurden weltweit 160 000 Fahrzeuge verkauft, Porsche ist ein Luxusprodukt. Aber seine Autos würden in Leipzig als heimisches Produkt wahrgenommen, sagt Bülow. Jeder, der sein Auto hier in Leipzig abholt, bekommt eine Werkführung, darf die Teststrecke nutzen. »Wir sind zum Anfassen.«

Es gibt nicht nur Arbeit in seinem Leben. Im Sommer sitzt er gern mit seiner Frau bei einem Glas Wein auf der Terrasse, sagt er. Er radelt, Mitglied in einem Golfclub ist er auch, zum Spielen kommt er allerdings selten. In seiner Garage stehen zwei Porsche-Oldtimer. Die Campingurlaube an der Ostsee sind Vergangenheit. Die letzten Ferien hat er mit seiner Frau auf Mauritius verbracht. »Eine wunderschöne Insel.« Er lächelt bei dem Gedanken daran.

Ob er stolz ist auf das, was er erreicht hat? »Ja«, sagt er schlicht.

Später sitzt Siegfried Bülow mit seinem jungen Assistenten in der Kantine. Drum herum die Arbeiter aus der Montage in hellgrauen Latzhosen und roten T-Shirts. Es gibt gegrillte Dorade, Rindergeschnetzeltes, eine riesige Salatbar. Siegfried Bülow hat einen Eintopf vor sich. Es ist eine Wahl, die zu ihm passt.

Der Regen wird kommen

Mestlin war einst ein sozialistisches Musterdorf.
Nach der Wende ging es bergab, viele Bewohner zogen
weg, Verena Nörenberg-Kolbow aber ist
geblieben und wurde die Chefin der LPG.

Von Nancy Krahlisch

Von der Ernst-Thälmann-Straße gelangt man direkt auf den Marx-Engels-Platz von Mestlin. Auf dem Platz steht ein riesiges Gebäude, das sich Kulturhaus nennt und architektonisch sehr an die Berliner Stalin-Bauten erinnert. Und wer sich dann in Richtung Ortsausgang bewegt, der gelangt zur LPG Mestlin. Ein Spaziergang durch Mestlin, das mecklenburgische Dorf , könnte eine Art Zeitreise zurück in die DDR sein. Es ist dann aber doch alles etwas anders, als man denkt. Wie so oft im Leben. Für wohl kaum einen anderen Ort hat die Wiedervereinigung so eklatante Veränderungen mit sich gebracht wie für Mestlin.

Ein paar Hundert Meter vom Marx-Engels-Platz entfernt sitzt Verena Nörenberg-Kolbow an ihrem Schreibtisch in einem Gebäude der LPG und sieht sich im Internet die Wetteraussichten an. »Wir brauchen dringend Regen«, sagt die 58-Jährige, und ein paar Sorgenfalten ziehen sich über ihre Stirn. Doch es dauert nicht lange, da lacht die Frau mit der Brille und den kurzen braunen Haaren wieder. Verena Nörenberg-Kolbow ist eine Optimistin. Der Regen wird kommen, und wenn er nicht kommt, wird es trotzdem weitergehen. So, wie es auch in der Vergangenheit immer irgendwie weitergegangen ist.

Verena Nörenberg-Kolbow ist die Chefin der LPG Mestlin. Selbst die landwirtschaftliche Genossenschaft heißt hier

noch wie früher. Zumindest fast. Als nach der Wiederver-einigung ein neuer Name für den Betrieb gesucht wurde, machten die Mestliner aus ihrer landwirtschaftlichen Pro-duktionsgenossenschaft einfach die landwirtschaftliche Produktivgenossenschaft. »Bei der Namenswahl waren wir wohl etwas nostalgisch«, sagt Verena Nörenberg-Kolbow. Doch bevor sie damit beginnt, ihre Geschichte und die Ge-schichte ihres Dorfes zu erzählen, holt sie erst einmal ei-nen Kaffee. »Den trinken wir hier übrigens noch immer am liebsten türkisch, ich hoffe, das macht Ihnen nichts aus?«, fragt sie noch im Hinausgehen, auf die Antwort wartet sie nicht.

Das Dorf liegt idyllisch mitten im Niemandsland. Rund-herum gibt es nur Weide- und Ackerflächen. Zwei Stun-den von Berlin entfernt, hat man, wenn man nach Mest-lin kommt, die mecklenburgische Seenplatte noch nicht erreicht. 34 Kilometer sind es bis zur Landeshauptstadt Schwerin.

Mestlin war vor der Gründung der DDR ein unterent-wickeltes Fleckchen Erde, welches, mal abgesehen vom Gutshof, nicht einmal an das Elektrizitätsnetz angeschlos-sen war. Doch zu DDR-Zeiten blühte der Ort auf. Das Dorf wurde auserwählt, zu einem sozialistischen Musterdorf zu werden. Am Beispiel Mestlins wollte man zeigen, wie über-legen der Sozialismus war. Es wurde jede Menge Geld inves-tiert, es wurde gebaut, erneuert und verschönert. Auch das Kulturhaus wurde während dieser Zeit errichtet. Mehr als 3,5 Millionen Ostmark soll der ehemals so prachtvolle Bau gekostet haben. Das zweigeschossige Haus mit seinen rie-sigen Fenstern und seiner Freitreppe war der Mittelpunkt aller Planungen. Und es funktionierte: Innerhalb kürzester Zeit wurde Mestlin zu einem der attraktivsten Dörfer der

DDR. Immer mehr Leute zogen hierher. Nicht nur Mecklenburger kamen, auch aus Berlin, Sachsen und Brandenburg reisten die Zuzügler an.

Im Jahr 1980 kam auch Verena Nörenberg-Kolbow gemeinsam mit ihrem ersten Ehemann und der gemeinsamen Tochter in das Musterdorf. Die Familie bezog eine moderne Ausbauwohnung im Dachgeschoss eines Hauses direkt am Marx-Engels-Platz. Verena Nörenberg-Kolbow hatte zuvor an der Rostocker Wilhelm-Pieck-Universität Pflanzenproduktion studiert und begann nun, in der Verwaltung der LPG zu arbeiten. Einige ihrer Universitätslehrbücher hat sie heute noch. Sauber aufgereiht stehen sie in einer Regalwand im Konferenzraum gleich gegenüber von ihrem Büro.

Dass sie einmal in die Landwirtschaft gehen würde, war eigentlich schon immer klar, sagt Nörenberg-Kolbow. Schon ihr Vater habe in einer LPG gearbeitet. Ursprünglich komme sie aus Groß Niendorf, einem kleinen Ort nur wenige Kilometer von Mestlin entfernt. Sie stammt also aus Mecklenburg. »Meecklenburg« sagt sie, mit einem langen E.

In Mestlin gefiel es der jungen Familie ausgesprochen gut. »Man hatte hier allerhand Privilegien«, erinnert sie sich. Es war alles da: eine Kinderkrippe, ein Kindergarten, eine Schule, Einkaufsmöglichkeiten, Ärzte, Zahnärzte und natürlich das Kulturhaus. Die LPG-Chefin nimmt einen Schluck ihres ungefilterten Kaffees und lächelt gedankenverloren. Mehr als 50 000 Menschen kamen jährlich nach Mestlin, aus den umliegenden Dörfern, aber auch von weiter her, um die Veranstaltungen des Kulturhauses zu besuchen. Namhafte DDR-Bands traten hier auf, zum Beispiel Karat. Doch all das ist lange her, das war vor dem Fall der Mauer.

An den Tag der Grenzöffnung kann sich Verena Nörenberg-Kolbow noch gut erinnern. Als sie am Abend des 9. November 1989 zu Hause in den Nachrichten hörte, was Günter Schabowski über das neue DDR-Reisegesetz sagte, dachte sie noch, sie habe sich verhört. »Ich habe das gar nicht ernst genommen«, erzählt sie. Nach den Nachrichten ging sie ins Bett, am nächsten Morgen stand sie auf und fuhr zur Arbeit. So wie jeden Tag. Doch in der LPG fehlten plötzlich Leute. »Es hieß, die seien in Berlin oder Lübeck. Erst da habe ich realisiert, was los war.«

Verena Nörenberg-Kolbow gehörte nicht zu denen, die sich direkt ins Auto setzten. Ihre Neugierde hielt sich in Grenzen. Was auch daran lag, dass sie eine Großmutter hatte, die in Kassel lebte und die sie auch zu DDR-Zeiten besuchen durfte. Aber es lag nicht nur daran. Verena Nörenberg-Kolbow hat ihre Kollegen damals auch nicht so recht verstanden. Und versteht sie auch rückblickend nicht. Sie gehört nicht zu denen, die den alten Zeiten nachtrauern, aber sie möchte differenzieren. Klar habe es viele Dinge gegeben, die nicht gut waren damals, sagt sie. Aber am Kapitalismus sei auch nicht alles perfekt. Und heute gehe es doch nur noch ums Geld. Sie hat das in Mestlin gut beobachten können.

Mit dem Ende der DDR versiegten die Zuschüsse für das Musterdorf, die Veranstaltungen im Kulturhaus wurden seltener, und irgendwann gab es sie dann gar nicht mehr. Ein Geschäftsmann aus Hamburg wollte aus dem einst so prachtvollen Vorzeigesaal eine Großraumdisco machen. Die Wände und Decke strich er schwarz, dann schüttete er tonnenweise Sand auf das Stäbchenparkett. Was in dieser Zeit noch nicht zerstört wurde, das wurde kurze Zeit später durch einen Rohrbruch ruiniert. »Das war im Winter.

Das Parkett wurde mitsamt den Eisschollen nach draußen getragen«, erinnert sich Verena Nörenberg-Kolbow. Der Hamburger Discotheken-Betreiber war schnell wieder weg, das versprochene Geld kam nie in der Gemeindekasse an. Zurück blieb das zerstörte Kulturhaus.

Viele Einwohner von Mestlin verloren nach der Wende ihre Arbeit, viele zogen weg. »Geblieben sind eigentlich nur die Alten und die, die ein Haus hatten«, sagt Verena Nörenberg-Kolbow, die mit ihrer Familie inzwischen ebenfalls ein Eigenheim bewohnte. Von den einst 1200 Mestlinern waren bald nur noch 700 da. Die Verbliebenen nahmen zum Teil weite Arbeitswege in Kauf oder lebten von Hartz IV.

Heute arbeiten noch 17 Leute in der LPG Mestlin, zu Spitzenzeiten waren es mal 250. Die LPG war zu DDR-Zeiten der größte Arbeitgeber im Ort. Heute ist sie es immer noch, aber das sagt mehr über die Entwicklung des Ortes aus als über die LPG.

Gerade in den Anfangsjahren habe eine große Unsicherheit geherrscht, sagt sie. Viele fragten sich, was aus dem Betrieb werden würde. Etliche gingen freiwillig. Auch der alte LPG-Chef orientierte sich um, wie Nörenberg-Kolbow es ausdrückt. »Die allgemeine Meinung war, dass die Genossenschaften eh nicht lange überleben werden«, erinnert sie sich. Doch sie glaubte an ihren Betrieb. Alles hinzuschmeißen und wegzugehen, das kam für sie nicht infrage. »Na ja, und einer musste sich ja vorspannen lassen. Das war dann ich.« Sie musste viel dazulernen. Zum Beispiel, dass man das Getreide nicht verkauft, weil die Leute Hunger haben, sondern weil der Preis an der Börse gerade stimmt. Und von der Mehrwertsteuer hatte die Geschäftsführerin früher auch noch nichts gehört. Jetzt kennt sie sich aus, sie hat es geschafft.

Allzu viele Genossenschaftler mussten auch gar nicht entlassen werden, sagt Nörenberg-Kolbow. Es habe großzügige Vorruhestandsregelungen gegeben. Und viele von den Jüngeren seien ohnehin weggegangen. »Natürlich klingt es erst einmal dramatisch, wenn man hört, dass heute nur noch 17 Leute hier arbeiten, aber die technischen Voraussetzungen sind ja auch ganz andere als damals«, sagt sie. Wenn früher beispielsweise ein Melker 50 Kühe gemolken habe, schaffe er heute dank des vollautomatischen Melkkarussells 450 Kühe. »Früher hatten wir zehn Mähdrescher, heute haben wir zwei. Und die machen die gleiche Arbeit und sogar mehr.«

Seit 22 Jahren ist Verena Nörenberg-Kolbow nun schon die LPG-Chefin. Es macht ihr Spaß, und es läuft auch ganz gut. »Man müsste lügen, wenn man sagen würde, dass es nicht läuft. Lebensmittel werden schließlich immer gebraucht. Und wir haben hier wirklich einen ertragreichen Boden.« Aktuell plant sie einen neuen Kuhstall. Aber nicht, weil der alte verfällt. »Wir wollen aufstocken«, sagt sie. 160 neue Milchkühe sind geplant.

Nicht nur in der LPG, sondern auch in Mestlin tut sich wieder etwas. Das Kulturhaus, das mittlerweile unter Denkmalschutz steht, soll saniert werden. Stück für Stück. Ein Förderkreis hat die finanziellen Mittel aufgetrieben. Neue Fenster wurden zum Teil schon eingebaut, nun ist die Freitreppe dran. Und irgendwann, wenn alles gut geht, wird am Marx-Engels-Platz auch wieder getanzt.

Mit Leib und Seele

Ingrid Beyer war Kunstfunktionärin in der DDR
und überzeugte Genossin. Sie war glücklich in
ihrem Land. Auch wenn sie nicht alles gut fand.
Kommunistin ist sie heute noch.

Von Cornelia Geißler

Die Balkontür steht bereits einladend offen. Man kann
nicht anders, als geradewegs durch das Wohnzimmer zu
gehen und die Aussicht zu bewundern. Alles ist grün rings-
um, eben und ein bisschen hügelig, mittendrin blinkt ein
See. Als Ingrid Beyer, 87 Jahre ist sie alt, selbst auf ihrem
Balkon angekommen ist, sagt sie, dass das Zeugen der letzten Eiszeit seien. Dazwischen stehen weiß-gelb-rote Plattenbauten. Die sind Zeugen des Wohnungsbauprogramms
der DDR. Wir sind in Berlin-Lichtenberg.

»Die Straßen hier sind alle nach Antifaschisten benannt«, sagt die Gastgeberin. »Und als die Bürgermeisterin
von Lichtenberg eine Kommunistin war, hat sie dafür gesorgt, dass die Kinder von den Schulen hier am 1. Mai Vorträge vorbereiteten über das Leben dieser Antifaschisten.
Auch Texte und Briefe von ihnen wurden vorgelesen.« Am
Ende haben alle Blumen abgelegt am Denkmal für die Wi-
derstandskämpfer. Das kann man auch vom Balkon aus sehen. Wie heißen die Straßen? Gerade fallen ihr nicht mehr
Namen ein als Anton Saefkow, nach dem der Platz benannt
ist, und Judith Auer. Die Schnellstraße, die man durch die
Bäume sieht, passt nicht dazu. Aber mit der Frage »Wer war
Landsberger?« kann man Ingrid Beyer zum Lachen bringen. Nein, nein, das sei ja die Leninallee gewesen. Die wurde umbenannt nach der Wende.

Sie setzt sich an den Wohnzimmertisch, von dem aus man durch Glasscheiben die Küche sehen kann. Das ist eine Durchreiche, typisch für eine bestimmte Art von Neubauwohnungen. Im Flur steht ein Rollator. »Ich habe mir einiges gebrochen«, sagt Ingrid Beyer mit einem Lächeln, das wie eine Entschuldigung aussieht. »Aber mit dem Ding komme ich gut voran, runter mit dem Fahrstuhl, am Concierge vorbei, und dann erreiche ich alles mühelos, Einkaufen, Friseur, Krankengymnastik, Parteigruppe.«

Den Möbeln sieht man an, dass mit ihnen schon lange gelebt wird, ein paar Jahrzehnte. Auf der Schrankwand stehen Kleinplastiken und Vasen, wenig Schnickschnack. An der Wand hängt Kunst, kein Kunstgewerbe: Grafiken, Drucke von Karl-Georg Hirsch zum Beispiel, von Oskar Nerlinger. Auch ein großformatiges Selbstbildnis von Lea Grundig, das sie vor der Totenmaske ihres Mannes Hans Grundig zeigt. »Das hat sie mir zu meiner Dissertation geschenkt«, sagt Ingrid Beyer, »sie wollte zur Verteidigung kommen, hatte dann aber eine Autopanne.« Lea Grundig, jüdische Kommunistin, war von 1964 bis 1970 Präsidentin des Verbandes Bildender Künstler der DDR.

Kunstfunktionärin war auch Ingrid Beyer die meiste Zeit ihres Arbeitslebens. Nach dem Krieg wurde sie gleich zur Neulehrerin ausgebildet, arbeitete eine Weile mit Kindern in Peitz, wurde dann an die Parteischule der SED nach Kleinmachnow delegiert. Anschließend war sie als Mitarbeiterin des Zentralkomitees der SED für das »künstlerische Laienschaffen« zuständig. Dabei, während der Thomas-Müntzer-Festspiele in Sangerhausen, lernte sie ihren Mann kennen. Walter Beyer, Jahrgang 1921, ist auch durch das sowjetische Kriegsgefangenenlager nicht vom Kommunismus abgebracht worden. Er legte Wert darauf, dass

es eine sowjetische Ärztin war, die ihm nach einem Unfall im Kohleschacht das Leben gerettet hatte. Er wurde später stellvertretender Bürgermeister von Berlin-Mitte. »Er hat sich aufgeopfert«, sagt sie.

Sie studierte Marxismus-Leninismus, war dann als Hochschuldozentin am Institut für Kultur- und Kunstwissenschaften an der Akademie für Gesellschaftswissenschaften der SED in Berlin angestellt, dabei auch Mitglied im Verband Bildender Künstler. Walter Womacka, Wolfgang Mattheuer, Willi Sitte – wer in der DDR offiziell einen Namen in der Kunst hatte, hatte auch mit ihr zu tun. Bilder von ihnen findet man auch im Katalog »Bauleute und ihre Werke« zu einer Kunstausstellung des DDR-Gewerkschaftsbundes, den sie mit verantwortete, für den sie den Text schrieb. Da findet man auch Künstler, die nicht in den offiziellen Kanon passten. Der Grafiker Manfred Butzmann ist vertreten, mit Zeugnissen des Verfalls der alten Ost-Berliner Häuser. Die Kälte der Neubauten sieht man auf einem Gemälde von Uwe Pfeiffer. »Es gibt nicht nur Sonnenschein«, sagt Ingrid Beyer beim Blättern durch die Seiten. »Ich habe mir nicht eingebildet, dass alles astrein und schön ist in der DDR.«

Sie gehörte oft zu den Kommissionen, die entschieden, wo welche Bilder hängen. Auch im Palast der Republik. »Dass sie uns den genommen haben!«, ruft sie kurz aus. »Da haben wir so schöne Konzerte erlebt. Oistrach hat da gespielt, internationale Chöre waren da. Und mein Sohn hat dort seine Hochzeit gefeiert.« Mit dem Bau würde man heute ordentlich Geld verdienen können, glaubt sie.

Ein anderer Katalog muss auch unbedingt betrachtet werden; er ist der West-Berliner Malerin Monika Sieveking gewidmet. Ingrid Beyer besuchte sie 1985 zweimal in ihrem Atelier, bereitete eine Schau der damals Vierzigjährigen in Frankfurt/Oder vor, in der Galerie Junge Kunst. Marlies Menge schrieb in der Hamburger Wochenzeitung *Die Zeit* über die Ausstellung, 150 Leute waren bei der Eröffnungsdiskussion: »Monika Sieveking malt Türken in West-Berlin, spielende Kinder zwischen Abrisshäusern und Sperrmüll, Punker, Arbeitslose.«

»Wendejahre 1985/92« sind die Tagebuchblätter jener Zeit überschrieben, die Ingrid Beyer nach dem Tod ihres Mannes begann, anfangs wohl, um sich ihrer selbst zu vergewissern. Stolz klingt aus den Zeilen, wenn sie von ihrer Arbeit schreibt, »im Institut, Aufgaben im Künstlerverband, Vorträge für Gewerkschaftskulturobleute ... Ich habe mich voll eingebracht, um mit meinem persönlichen Kummer besser fertig zu werden.« Am 3. März 1986, ist kurz danach dokumentiert, war Ingrid Beyer in Bremen zur Eröffnung der Ausstellung »Künstlerinnen der DDR« mit über hundert Arbeiten von 43 Frauen, die Rede hielt ein Mann, Willi Sitte. Und dazwischen als Notiz: »Gorbatschow ist eine ganz starke Persönlichkeit mit faszinierender Ausstrahlungskraft«. Im August 1987 wird sie Rentnerin, mit 60, so war das in der DDR.

Auf dem Sofa neben ihr liegen Fotoalben, Fotokästen und Tagebücher – Dokumente aus 87 Jahren Leben. Ihr Elternhaus in Forst wurde zwar komplett zerstört und abgebrannt in den letzten Wochen des Zweiten Weltkrieges, aber Ingrid Beyer, geborene Schulz, hat noch die Bilder ihres kommunistischen Großvaters und ihrer Großmutter, die waren Weber. Sie hat auch noch viele Fotos von ihrem Vater, einem Schriftsetzer, der in der IG Druck engagiert war. Die andere Großmutter war Waschfrau. Und ihre Mutter arbeitete als Einnäherin in der Tuchfabrik, musste fehlende Fäden in größere Gewebe einfummeln. Sie zeigt die Bilder stolz, und sie hat allen Grund dafür. Schließlich hat sie sich als Backfisch von 17 Jahren für die Fotos entschieden und gegen »Klamotten«, als ihre Mutter sagte, sie solle schnell packen, damit sie mit dem letzten Verletzten-Transport noch aus der Stadt kämen. Das war im Februar 1945.

Von ihrem Vater erzählt sie gern. Einmal hat er eine Seite des *Forster Tageblatts* extra für sie neu gesetzt und sogar drucken lassen. Da stand in einem Artikel: »Heute erlebt die Schülerin Ingrid Schulz ihren 10. Geburtstag in relativer geistiger Frische.« Durch den kriegswichtigen Beruf wurde er erst spät eingezogen – und dann auch nur in eine Kompanie, die zur Unterhaltung der anderen Soldaten herumgeschickt wurde. Vor der russischen Kriegsgefangenschaft hat ihn das nicht bewahrt.

Und er soll Kommunist gewesen sein, in diesen Zeiten? Die wurden unter Hitler doch verfolgt? Es war anders, als man sich das vorstellt. Sein Parteiauftrag sei gewesen, ein Arbeiter-Mandolinen-Orchester zu gründen, das habe er gemacht. Mit Hitlers Machtantritt musste es wieder aufgelöst werden. »Ich verdanke ihm meine Liebe zur Musik und die Gewissenhaftigkeit.«

Nach Kriegsende ist sie dann auch in die KPD eingetreten, acht Wochen vor Gründung der SED, in die sie dann »übernommen« wurde, wie sie sagt. Sie erzählt davon weniger plastisch als von der Kindheit und Jugend. In so einem langen Leben sind manche Phasen leuchtender, andere matter in Erinnerung. Aber Ingrid Beyer erzählt gern. Nur beim zweiten Besuch, an einem besonders warmen Tag, ist sie unzufrieden mit sich. »Ich bin nicht konzentriert heute«, sagt sie. Da klingt heraus, dass sie gern eine nützliche Zeitzeugin wäre.

In der Schrankwand stehen viele Fotoalben. Nur die Zahl

der Kunst-Bildbände ist noch größer. Dazwischen sind auch Bücher, die Ingrid Beyer selbst verfasste, etwa »Die Künstler und der Sozialismus«, 1963 erschienen. Oder zu denen sie beitrug, wie »Der Fortschritt und die Kunst des Sozialismus«, 1974 von Klaus Jarmatz herausgegeben. Ingrid Beyer hat auch viel fotografiert, oft Notizen gemacht, Reisetagebücher geführt. Vom 15. September bis zum 7. Oktober 1989 war sie in Athen, der entsprechende Ordner umfasst mit Fotos, Zeitungsausschnitten und einem Flyer lauter Dokumente aus einer anderen Zeitrechnung. Damals gehörte Ingrid Beyer zur Auswahlkommission einer Kunstausstellung zum 40. Jahrestag der DDR und durfte sie begleiten. Sie führte griechische Journalisten und Korrespondenten anderer Länder durch die Schau. Sie sprach vor Publikum.

Der »Dienstpass«, das Wort steht tatsächlich vorn aufgedruckt, gestattete ihr Reisen ins westliche Ausland, auch zur Documenta nach Kassel. Der übergroßen Mehrheit der DDR-Bewohner blieben solche Reisen verwehrt. Sie nimmt den Pass in die Hand, blättert darin. »Ein Privileg, wenn man so will«, sagt sie wie beiläufig, »deshalb habe ich auch nicht gejubelt, als kurz danach die Mauer fiel. Ich hatte den Westen schon gesehen und war dann sowieso Rentner.« War sie traurig? Es habe ihr leid getan um die DDR, wie vielen anderen auch. »Aber ich wusste, dass das nicht ewig so weitergehen kann mit den alten Männern an der Spitze. Die haben sich ihr Land nach ihren Vorstellungen bauen wollen.«

Und heute? Klagt sie nur kurz über ihre Rente, gerecht sei die nicht. Es wäre schön, wenn die Linke im Bundestag durchsetzen könnte, dass die Altersrenten im Osten denen im Westen angeglichen werden. Sie klagt eigentlich gar nicht, schimpft höchstens über sich selbst: »Ich bin nicht mehr so schnell.« Ob sie noch Kommunistin sei? »Das ist ja kein Beruf«, sagt sie und lacht wieder, »das ist ein hoher Anspruch.« Und, erfüllt sie ihn? Ingrid Beyer wählt einen Satz, den sie bestimmt schon oft gesagt hat: »Ich will ein anständiger Mensch sein und möchte auch meine Kinder so erziehen.« 1955 und 1961 sind die geboren, viel passiert da nicht mehr mit Erziehung. Die Tochter ist Slawistik-Professorin, der Sohn hat mit Computern zu tun. Uroma ist sie schon. Dann zitiert sie aus dem Gedächtnis Marquis von Posa aus Schillers »Don Carlos«, dass der Mensch auch später noch die Träume seiner Jugend achten solle. Ja, sie sei Genossin gewesen, »mit Leib und Seele«. Mit dem Sozialismus »haben die Menschen Hoffnungen verbunden, der war ja nicht nur irgendetwas in einem Buch«.

Und wie sei sie damit umgegangen, wenn ihre Kinder Westfernsehen gucken wollten? »Da haben wir ihnen erklärt, im Grunde passt das nicht zu uns. Aber auch unsere Tochter hat gesagt, ein Petticoat wär schön.« Oder Jeans? Da berlinert Ingrid Beyer sogar: »Ham wa nicht gehabt.« Bei ihren Reisen müsse sie doch gemerkt haben, dass der Kapitalismus nicht so schlimm war, wie er in der DDR gezeichnet wurde. »Aber ich habe dort auch die Probleme gesehen! Bei uns stand es schon im Gesetz, dass alle Menschen Arbeit haben sollen, dass Männer und Frauen gleich behandelt werden.« Aber es gab nur eine Ministerin und keine Frau im Politbüro der SED. »Ja, leider.« Ob sie nicht vieles ausgeblendet habe? »Ich weiß es nicht genau.« War sie so eine Hundertprozentige? »Das ist vielleicht etwas übertrieben.« Eine sehr geradlinige Genossin? »Ich habe mich bemüht. Ich hing an meinen Idealen.« Dann setzt sie sich noch einmal gerader hin in ihrem Sessel, der eigentlich viel zu tief ist. »Ich wusste schon aus den Märchen, dass nicht alles gut oder alles schlecht ist. Ich bereue nichts. Ich habe niemanden an die Stasi ausgeliefert.«

Sie hat Freunde im Viertel und welche in Hamburg. Ingrid Beyer trifft sich in der Parteigruppe der Linken, »aber wir sind alles alte Leute«, setzt sie lächelnd dazu. Manchmal gehe sie durchs Haus und sammle Unterschriften, wegen der Ost-Renten um Beispiel. »Und wenn irgendetwas nicht in Ordnung ist, schreibe ich das auf«, erklärt sie. Auch ihre Leserbriefe ans *Neue Deutschland* hat sie aufgehoben: zum Palast der Republik, über den Abriss der Seeterrassen in Lichtenberg, über Angela Merkels Äußerungen zur Beutekunst in Moskau. Ingrid Beyer gehört nicht zu den Senioren, die in ihrer Sonntags-Schönschrift solche Briefe verfassen. Dafür nimmt sie den Laptop. Eine E-Mail-Adresse hat sie natürlich auch.

Rastlos

Die neunziger Jahre, sagt Andrea Hanna Hünniger,
waren ein weißes Jahrzehnt, geprägt von der
Schockstarre der Eltern. Sie selbst war ein Kind damals.
Heute fürchtet sie nur den Stillstand.

Von Carmen Böker

Den Mauerfall, den gibt es nicht in ihrem Kopf. Nicht in echt, als Erlebnis, als eigenes Bild. Ihre Erinnerung, sagt Andrea Hanna Hünniger, Jahrgang 1984, setzt später ein. 1992, als Disneyland Paris eröffnet wird. Die Fernsehnachrichten davon sind fest verankert in ihrem Gedächtnis. »Im Nachhinein dachte ich immer, das sei der Mauerfall gewesen, so hatte ich das quergeschaltet«, sagt Hünniger, die über ihr Aufwachsen in Weimar 2011 den Erzählungsband »Das Paradies. Meine Jugend nach der Mauer« veröffentlichte. Im Titel liegt kein Sehnsuchtsmoment, in natura referiert sie über die Wendezeit so geschliffen und eloquent, als leite sie ein Proseminar an einer Universität; so spöttisch und pointiert, als erzähle sie am Tresen einer sehr lauten Bar davon.

Die kreischbunten Comic-Figuren vor Fantasieschlössern, die ichsüchtige Disney-Konsumseligkeit, die in historischer Ungenauigkeit die Bilder überlagern vom Volk, das wieder eins zu werden glaubt. Der Vater, der vom Guten, Schönen, Wahren spricht, die Tochter, die seinerzeit stattdessen »die guten, schönen Waren« versteht und heute, damit korrespondierend, findet, dass »Champagner für alle!« eine gute Devise wäre: Das sind natürlich alles gut sitzende Pointen bei einer Autorin, zu deren thematischem Leitmotiv sich nicht Überwältigung und Überfluss entwickelt haben, sondern das Gegenteil davon – das Nichts. Die neun-

ziger Jahre, sagt sie, seien für sie »das weiße Jahrzehnt«, geprägt vom Schweigen der Erwachsenen, der Erstarrung der Älteren, dem Vergessenwerden der Kinder, dem Autoritätsverlust der allzu oft abgewickelten, hilflosen Eltern.

Man könnte genauso gut von einem schwarzen Loch reden, aber die Farbe ist in diesem Fall historisch sowieso egal; in der Nachwende-Ära wurde das, was zu trist aussah, bekanntlich gern in Pastell übertüncht, in Tönen, die zuerst zwangsoptimistisch wirken und dann ganz schnell wieder grau zu werden drohen. Auch die Plattenbausiedlung, in der die heute 29-jährige Andrea Hanna Hünniger aufgewachsen ist, in Weimar-West, in der Nähe einer Kleingartensiedlung namens »Das Paradies«, wurde so verschönert. Da gebe es, sagt sie, heute einiges an Hellblau. Und zuerst sei es schon so gewesen, als habe jemand das Licht angemacht. Dabei blickt sie auf einen Plattenbauriegel, der in jenem fleischigen Rosa gestrichen ist, das an Lachsterrine erinnert.

Wir befinden uns in Hellersdorf, denn erstens zieht sie keinerlei nostalgische Zutraulichkeit zurück nach Weimar-West, zu den zu vielen auf zu engem Raum kasernierten Menschen. Und zweitens ist ein Ausflug zwischendurch zu zeitaufwendig für jemanden, der sehr viel auf einmal zu machen müssen glaubt, der, in der Erinnerung an seine Kindheit, eine »totale Panik vor Erstarrung« entwickelt hat, davor, dass es »nicht so schnell geht wie schnellstmöglich«. Hünniger, die lange schon in Berlin lebt, schreibt und bloggt für Zeitungen wie zum Beispiel *Die Zeit* und die *Frankfurter Allgemeine Zeitung,* sie verfasst Drehbücher, gerade für einen Krimi, sie arbeitet als Scout in einer Literaturagentur, sie gehört zu den für das Onlinemagazin-Projekt *Krautreporter* verpflichteten Journalisten. Sie will sich, sagt sie, nur auf sich selbst verlassen können, deshalb die Vielfalt. Man könnte das auch, noch einmal gewendet, als Unfähigkeit zu verzichten deuten bei einer, die sich zu den »Kindern des Kapitalismus« zählt. DDR, das sei Vorfreude als Dauerzustand gewesen; Warten, ohne zu wissen, ob es sich lohnt, wie Weihnachten also, so zitiert sie im Buch die Haltung des Vaters. Die Tochter will auf nichts warten müssen, sich nichts versagen.

Vielleicht ist es vor diesem komplexen Hintergrund auch schon wieder die typisch ignorante Idee einer West-Journalistin, sich mit jemandem, der im Plattenbau aufgewachsen ist, im Angesicht von Plattenbauten treffen zu wollen. Hünniger ist zuvor in sehr kurzen Shorts über die gleißend heiße Straße marschiert gekommen, die Sonnenbrille mit dem Hornrand wird sie das ganze Gespräch über nicht ein einziges Mal absetzen. Sie verleiht dem romantisch-lieblichen Gesicht der Autorin Coolness, sie verbirgt den Ausdruck ihrer großen braunen Augen, die die betonhart ondulierte Verkäuferin im Hellersdorfer Einkaufscenter jetzt vermutlich gerade beobachten. Pardon, im Zenter.

»Für 64 Millionen Deutsche ist die DDR Ausland«, wird sie später sagen, im Park zwischen der Phalanx der Plattenbauten, in dem so ängstlich akribisch Ordnung gehalten wird, dass jede zertretene Zigarettenkippe ein schlechtes Gewissen machen müsste. »Wenn ich Gleichaltrige aus dem Westen treffe, haben die die DDR oft schon vergessen.« In ihrem Buch, das neun Erzählungen über das Großwerden in den neunziger Jahren versammelt, heißt es allerdings auch: »Für mich ist die DDR so weit weg wie das Inkareich Tawantinsuyu.«

Andrea Hanna Hünniger mag sich an den Mauerfall nicht erinnern können. Dafür aber an die »absolute Schockstarre« ihrer Eltern, die danach einsetzte, »so mindestens zwei, drei Jahre lang«. Beide verlieren ihre Arbeit kurz nach der Wende. Der Vater, so beschreibt es Hünniger im Buch, stellt das Reden für lange Zeit ein, schläft auf dem Sofa, guckt Italo-Western. Der Mutter bleibt nichts anderes übrig, als pragmatisch zu agieren. »Die Frauen haben letztendlich die Familien in den neunziger Jahren gerettet«, sagt Andrea Hanna Hünniger. »Es gab mal eine Phase, da sah man draußen nur noch Frauen, die Männer waren irgendwie verschwunden. Entweder saßen sie besoffen in der Kneipe oder depressiv zu Hause.«

Es ist eine Zeit, in der sie sich fremd fühlt in ihrer Welt, und dieses Gefühl der Weltfremdheit, der »vollkommenen Verzweiflung an der Umwelt« bleibt für lange Jahre. Es ist noch da, als sich die Familie – Vater, Mutter, drei Kinder – Ende der neunziger Jahre auf ihren ersten Auslandsurlaub begibt. »Ich glaube, mein Vater hat erst im Land selbst registriert, dass die ja alle Französisch reden«, erzählt Andrea Hanna Hünniger. »Er spricht sehr, sehr gut Russisch, und so hat er an der Mautstation, die er für eine Grenzstation hielt, den Beamten zehn Minuten auf Russisch angesprochen, was zu gar nichts führte. Bis er abrupt den Rückwärtsgang einlegte und zum Geisterfahrer wurde.« Jahre später habe sie über diese bizarre Situation noch einmal nachgedacht – und erkannt: »Das, was mir damals supermega-hilflos erschien, war ein Versuch, seine Kompetenz zu beweisen.«

Aber man muss nicht weit fahren, um sich fremd zu fühlen. Zumindest klingt es so, wenn Hünniger – die Kulturwissenschaften, Philosophie und Geschichte studiert hat – von ihrem Grundstudium in Göttingen berichtet, ab dem

Jahr 2003. »Ich wollte tatsächlich mal das Land verlassen«, sagt sie dazu, tatsächlich. Und machte unversehens eine Rolle rückwärts: »Es war eine komplett andere Atmosphäre, man schmeckt das alte, in 50 Jahren aufgebaute Kapital in westdeutschen Städten, während es in ostdeutschen Städten oft so einen morbiden Geruch gibt.«

Sie fühlte sich schwach dem starken Westen gegenüber und noch schwächer, als sie versuchte, ihre Herkunft zu verschleiern: »Ich sah ganz anders aus als die westdeutschen Studenten in ihren zerrissenen Klamotten und mit Che Guevara auf dem T-Shirt. Ich hatte Seidentücher um, sehr gepflegt, ich sah aus wie eine Tussi aus einem britischen Internat. Deswegen schlug mir der Hass meiner Alt-68er-Professoren entgegen, die dachten, da kommt jetzt Frau von und zu. Ich wusste damals überhaupt nicht, womit das zu tun hat.«

Nach dem Grundstudium geht sie nach Berlin, heute wohnt sie mit Hund in Schöneberg. Altbau, Hinterhof, hohe Bäume, die Schatten spenden, ruhige Straße mit Kopfsteinpflaster. Herrlich tantig sei es hier, sagt Andrea Hanna Hünniger, eine Servicewüste, nirgends seien die Edeka-Kassiererinnen langsamer als hier: »Ich liebe West-Berlin, es hat Geschichte und ein bisschen abgefuckten Glamour!«

Sie sehnt sich nicht nach dem Land, das es nicht mehr gibt, denn sie kennt es nicht. Aber sie will die Geschichten hören aus dieser Zeit. Nicht die, die aus sentimentalen Gründen erzählt und überzuckert werden. Sondern die, die dabei helfen würden, aus der Vergangenheit heraus die Gegenwart zu verstehen. »Aus Schweigen entsteht Gewalt«, sagt Andrea Hanna Hünniger, halb in talkshowtauglicher Emphase, halb mit dem kühl konstatierenden Ton eines Historikers. »Wir haben Babys in Blumentöpfen gehabt in den Neunzigern, wir haben die Neonazis gehabt, wir hatten einen Amoklauf in der Schule in Erfurt. Ohne mit aller Kraft einen Zusammenhang herstellen zu wollen: Leute, irgendwoher muss es kommen.«

Dieser schwere graue Staub, der alles Reden erstickt, er hat sich auch über ihr Leben gelegt, wenngleich mit günstigerem Ausgang, weil so ihre Widerborstigkeit geweckt wurde: »Meine Eltern schweigen, und ich ballere die ganze Zeit die wüstesten Meinungen in die Welt!« Dazu gehören auch Auftritte in den Talkshows von Maybrit Illner und Günther Jauch vor der letzten Bundestagswahl 2013, bei denen sich Hünniger dazu bekannte, noch nie gewählt zu haben und dies auch fürderhin nicht tun zu wollen, ihre Generation sei thematisch nicht vertreten in Politik, welche Partei regiere, habe keinen Einfluss auf ihr Leben. Über die altväterliche Pose, mit der ihr die anderen, zumeist älteren männlichen Gäste der Sendungen ins Gewissen redeten, kann sie sich immer noch aufregen, bis zur Weißglut.

Dass Frauen nicht ernst genommen werden, auch das ist ein Symptom jener Zeit, an der sie sich abarbeitet: »Meine Mutter ist promovierte Wissenschaftlerin, sie saß ab 1990 drei Jahre auf Arbeitsämtern und wurde nur schräg und scheiße angemacht«, sagt Andrea Hanna Hünniger, »Das ist eine Frau, die immer gearbeitet hat, die wahnsinnig klug ist. Gerade Frauen wurden in den Neunzigern im Osten nicht mehr ernstgenommen, daran denke ich mit größter Aggression zurück. Und solche Kinder werden wütende Kinder!« Die Mutter ist heute Angestellte beim Bauamt, der Vater, ebenfalls Agrarwissenschaftler mit Doktortitel, ist Beamter.

Sie wolle jetzt nicht selbstverliebt klingen, sagt Andrea Hanna Hünniger am Ende. Aber sie glaube, dass sie Sachen anders erzählen könne, solche Geschichten wie die ihrer Eltern eben. »Und wenn man etwas kann, dann hat man eine Verantwortung. Auch die, Themen in die Welt zu setzen.«

Eisern Union

Wie der ehemalige Betriebsdirektor
Wolfgang Becker zusammen mit
der Belegschaft ein Chemnitzer
Traditionsunternehmen gerettet hat.

Von Thomas Leinkauf

Karl Marx hätten die Aktionen der Chemnitzer Union-
Arbeiter gefallen. Sein monumentaler Bronzekopf steht
seit 43 Jahren unverrückbar auf einem Granitsockel im
Zentrum der Stadt, die zu DDR-Zeiten lange seinen Namen
trug. Als die Mauer fiel und im Osten die Zeit der Denk-
malstürmer begann, gab es in der Stadt eine Umfrage, was
mit Marx werden sollte. Die Stadt soll wieder Chemnitz
heißen, bestimmte eine Mehrheit, aber »der Nischel«, wie
sie den Bronzekopf etwas respektlos nennen, der soll bleiben. Und so ist auch Marx' wohl berühmtester Satz heute
noch in mehreren Sprachen am Haus der Oberfinanzdi-
rektion gleich hinter dem Denkmal zu lesen: »Proletarier
aller Länder, vereinigt euch!« Mit der großen Vereinigung,
wie sie Karl Marx vorschwebte, ist es ja nichts geworden.
Aber wenigstens haben sich Mitte der neunziger Jahre die
Union-Arbeiter vereinigt und sind auf die Straße gegangen, um ihren Betrieb vor der drohenden Pleite zu retten.
Am Marx-Denkmal haben sie mit Transparenten demons-
triert, auf denen stand: »Wer kämpft, kann verlieren. Wer
nicht kämpft, hat schon verloren.« Und dann haben sie ihren Betrieb besetzt.

Union ist die älteste noch existierende Maschinenfabrik
Deutschlands. Als Marx den Satz von der proletarischen
Vereinigung ins Kommunistische Manifest schrieb, grün-

dete der Unternehmer David Gustav Diehl in Chemnitz die Firma. Damals nahm in Chemnitz die industrielle Revolution ihren Aufschwung. An der Wende zum 19. Jahrhundert wurden hier die ersten mechanischen Baumwollspinnereien errichtet, 1835 die erste Dampfmaschine in Betrieb genommen. Die Textil-Industrie blühte auf, mit ihr der Maschinenbau. Chemnitz galt als das »Sächsische Manchester«. Die Union hatte bald einen guten Ruf; auf der Pariser Weltausstellung 1900 gab es für ein neuartiges Bohrwerk eine Goldmedaille.

Die Zeiten änderten sich, Gesellschaftssysteme wechselten und Eigentumsformen, aber die Union-Maschinenfabrik gab es immer. Nach dem Zweiten Weltkrieg wurde sie enteignet und zum Volkseigenen Betrieb umfunktioniert, in der Wende wieder privatisiert, dann war sie fast insolvent, eine Zeit lang in Arbeiterhand, danach wieder privat.

Wolfgang Becker hat viel davon miterlebt. Der 77-Jährige sitzt in der Cafeteria des Chemnitzer Kaufhof und trinkt Wasser. Es ist ein warmer Sommertag, draußen preisen die Händler Erdbeeren und Kirschen an, im Erdgeschoss des Kaufhauses wirbt eine Frau in mittleren Jahren gebetsmühlenartig für Damenhandtaschen, »heute zu einem sensationellen Preis«. Becker trägt über dem karierten Hemd ein helles Jackett, am Revers ein kleines Union-Abzeichen, »das hab' ich immer dran«. Er hat einen Aktenkoffer mitgebracht, aus dem er ein paar Erinnerungsstücke befördert, seinen klobigen alten Betriebstaschenrechner, Preis damals: 7200 Mark, alte Prospekte aus der DDR-Zeit.

Becker ist in Chemnitz aufgewachsen. 1960 fing er nach dem Studium als Produktionsingenieur im Werk an, 1972 wurde er Betriebsdirektor, da war das alte Union-Werk seit ein paar Jahren schon Teil eines großen Kombinats und sein wichtigster Devisenbringer. 80 Prozent der Bohr- und Fräsmaschinen, die dort gebaut wurden, gingen in den Westen, nach Europa, in die USA, nach Kanada, nach Brasilien. Ein Teil der erwirtschafteten Devisen floss zurück, um den Betrieb auszubauen, Beckers Bereich war in der sozialistischen Volkswirtschaft privilegiert.

Der Betriebsdirektor war es nicht unbedingt. »Ich hab' von sechs Uhr morgens bis abends um acht gearbeitet, wohnte mit der Familie in einer Zweieinhalbzimmer-Genossenschaftswohnung, fuhr Wartburg ohne Chauffeur, verdiente 2500 DDR-Mark im Monat, nicht viel mehr als das Doppelte meiner Facharbeiter.« Warum machen Sie das für so wenig Gegenleistung, fragte ihn ein westdeutscher Partner mal bei einem Geschäftsessen. »Man kann Amboss oder Hammer sein«, hat Becker geantwortet. »Ich will Hammer sein.« Er wollte gestalten können, Menschen und Produktionsprozesse führen, erfolgreich Maschinen bauen und verkaufen. Das verstand er als Privileg. Für ein Haus mit Garten oder lange Urlaube blieb da keine Zeit. Immerhin kam er viel in der Welt herum, Geschäftsreisen, um die Maschinen an den Mann zu bringen. 30 DM Tagegeld gab es für den Direktor bei solchen Reisen. Und einmal eine private Westreise für Becker und seine Frau, elf Tage Finnland in einer Reisegruppe, für 11 000 Ost-Mark.

Als die Mauer fällt, machen Becker und seine Kollegen erstmal weiter, die Aufträge sind ja da und die volkseigenen Betriebe gibt's auch noch. 1991 wird der Betrieb als einer der ersten privatisiert, er gilt als »Filetstück« auf der Liste der Treuhand. Becker, der nun Geschäftsführer heißt, sieht das wie viele Kollegen als einen Start in die Zukunft. Man kann ja was, ist hoch qualifiziert. Werkzeugmaschinenbauer sind selbstbewusst. Von den einst 1600 Arbeitsplätzen bleibt nur etwa ein Zehntel, Arbeitslosigkeit, das kannte man bisher nur aus der anderen Welt. 1992 soll Becker den Betrieb dann plötzlich abwickeln, weil den neuen Eigentümern ein anderer Standort attraktiver scheint. Becker lehnt das ab, abwickeln passt nicht in seine Vorstellungen von der Zukunft seines Werkes. Er kündigt, meldet sich für ein paar Monate beim Arbeitsamt, geht in den Vorruhestand.

Wieder wechseln die Besitzer, und mit der Union scheint es etwas ruhiger zu laufen. Becker wird zurückgeholt, erhält einen Beratervertrag, man braucht seine Erfahrungen. »War kein schlechter Deal«, sagt er, er hat wieder zu tun und kann Einfluss nehmen. Als die Union dann in den Verbund der Bremer Vulkan kommt, denkt er, nun sei das Gröbste überstanden. Eine neue Produktionshalle wird gebaut. Doch 1996 kommt die nächste Hiobsbotschaft: Die Vulkan geht pleite und droht, die Union endgültig mit in den Abgrund zu reißen. Die Belegschaft ahnt, dass der ostdeutsche Standort geschlossen und ausgeschlachtet werden soll. Im Mai geht die Union in die Gesamtvollstreckung, die ostdeutsche Konkurs-Variante. »Damit war die Geschichte von 146 Jahren Union eigentlich beendet«, sagt Becker, »wir haben nicht mehr geglaubt, dass noch ein Investor von außen kommt.«

Einfach aufgegeben haben sie damals trotzdem nicht, sondern erstmal ihren Betrieb besetzt. Es gibt Fotos, wie Arbeiter am Werktor die Taschen der leitenden Angestellten kontrollieren. »Stop! Für Unioneigentum.« Kein Blatt Papier, keine Diskette geht raus aus dem Werk. Es gibt die Bilder von demonstrierenden Union-Werkern in der Chemnitzer Innenstadt mit ihren Transparenten. Nächtelang diskutieren sie, was sie tun könnten, um den Betrieb zu retten, für den sich damals kein Investor mehr findet.

»Irgendwann waren wir so müde, dass wir nur noch sagten: Dann machen wir es eben selber«, erinnert sich Freimut Aurich, der damals Betriebsratsvorsitzender war und es heute noch ist. Leitende Angestellte setzten sich mit dem Betriebsrat und der IG Metall zusammen und arbeiteten das Konzept für eine Mitarbeiter-Gesellschaft aus. Begeisterung löste das in der Belegschaft nicht aus, es erinnerte irgendwie an Sozialismus und Volkseigentum. »Eigentlich wäre uns die klassische kapitalistische Variante, ein Investor mit dicker Brieftasche, lieber gewesen«, sagt Aurich. »Die Gründung der Mitarbeiter-Gesellschaft war eine Notlösung. Eine ungeliebte.«

Der Konkursverwalter und die noch beteiligte Privatisierungsbehörde zeigten sich der Notlösung gegenüber aufgeschlossen, der Freistaat Sachsen sagte eine Bürgschaft von zwei Millionen D-Mark zu. Becker klapperte die Banken ab, um Kapital aufzutreiben. »Alle fanden's gut«, sagt er, »aber keine wollte anfangs den Neubeginn finanzieren.« Schließlich machte die Hausbank mit, aber es gab eine Bedingung: eine Million Eigenkapital. Das hieß für jeden der hundert Mitgesellschafter, 10 000 D-Mark Einlage aufzubringen. Eine Garantie, dass sie das Geld jemals wiedersehen, gab es nicht. Und auch keine auf einen Arbeitsplatz, den gibt es bekanntlich nur, wenn Bedarf da ist. Dennoch machten alle mit. Häuschen wurden beliehen, Autos verkauft, Omas ums Erbe gebeten. Die Million kommt zusammen. Die Mitarbeiter erwerben das Warenzeichen, die technischen Dokumentationen, die vorhandene Werkstattausrüstung und versuchen den Neubeginn. Wolfgang Becker wird wieder Geschäftsführer, als im September 1996 die Gesellschaft im Speiseraum des Werks gegründet wird. Jetzt verdient er 8000 D-Mark.

Im ersten Monat stellt Becker ganze sechs Mitarbeiter ein – und einen zweiten Geschäftsführer. Der muss aus dem Westen sein, das verlangt die Privatisierungsbehörde, die immer noch mitzureden hat, aber wer es wird, kann Becker selbst entscheiden. »Der eine redete gleich von seinem Mercedes-Dienstwagen, der nächste von seinen Gehaltsforderungen, die wollte ich nicht«, erzählt er. »Ich musste spüren, dass sie hier sind, weil sie den Betrieb gut finden und voranbringen wollen. Die Chemie musste stimmen.« Becker entscheidet sich schließlich für einen erfahrenen Partner, der aus Aachen kommt und für das Kaufmännische zuständig sein wird. Eine Entscheidung, die er nie bereut. Der Mann bleibt zwölf Jahre.

Weil die Produktpalette überaltert und die Kunden verunsichert sind, liegt der Schwerpunkt zunächst auf der Entwicklung neuer Erzeugnisse und dem Vertrieb. Vier Monate nach der Gründung sind von der Million 600 000 D-Mark für Miete, Energie, Löhne draufgegangen, aber einen Auftrag gibt es nicht. »Ich hatte schlaflose Nächte«, erinnert sich Becker, »die Leute vertrauten mir, aber die Zeit wurde knapp.« Schon wieder taucht das Pleitegespenst auf. Am 23. Dezember kommt endlich der erste Millionenauftrag. Jetzt zahlt es sich aus, dass sie schon seit Jahrzehnten ihre Maschinen an die westdeutsche Industrie geliefert hatten und dort an alte, gewachsene Kundenbeziehungen anknüpfen können.

»Den Tag vergesse ich nie«, sagt Becker, »es war mein größtes Weihnachtsgeschenk.« Im Juli darauf haben alle Gesellschafter Arbeit im Werk. Neun Monate nach dem Neubeginn präsentiert Union auf der Messe in Hannover ihr erstes neues Metallbearbeitungszentrum. »Das war damals ein Knaller, weil viele uns schon totgesagt hatten«, erinnert sich Becker. Nach drei Jahren schreibt die Firma schwarze Zahlen.

So hätte es eigentlich weitergehen können, es war ja alles gut organisiert. Es gab die Geschäftsführer, eine Art Aufsichtsrat, motivierte Arbeiter, Aufträge, schwarze Zahlen. Gegen den Willen der Mitarbeiter-Gesellschafter lief nichts, das unterschied die Union von anderen Modellen der Belegschaftsbeteiligung, in der Arbeiter und Angestellte zwar ihre Ersparnisse in die Firma stecken und am Gewinn beteiligt sind, aber nichts zu sagen haben. Die Mitbestimmungsrechte bei Union gehen weit über die gesetzliche Regelung hinaus. Wolfgang Becker glaubt an das Modell. Erst über Mitbestimmung wachse aus Miteigentum auch Mitverantwortung, sagt er. »In jedem anderen Betrieb hat der Erfolg viele Väter, der Misserfolg nur einen. Bei uns hätte auch der Misserfolg viele Väter.«

Die Banken aber misstrauen solchen Modellen. 2006 forderte die Hausbank einen Mehrheitsgesellschafter, sonst gäbe es keine Kredite mehr. Es ist die Heuschreckenzeit, und eine niederländische Finanzinvestorengruppe kauft das Unternehmen zu einem ziemlich günstigen Preis. Die Gesellschafter werden ausgezahlt, wer damals 10 000 D-Mark eingezahlt hat, kassiert jetzt 15 000 Euro; kein schlechtes Geschäft.

Mit frischem Kapital kann die Firma weiter ausgebaut werden, sechs Jahre später wird mit Gewinn an ein westdeutsches Familienunternehmen weiterverkauft. Union ist jetzt ein ganz normales Unternehmen mit ganz normalen Arbeitnehmern, die, um es mit Marx zu sagen, nicht mehr besitzen als ihre Arbeitskraft, die sie verkaufen müssen. Die sich verkaufen, so gut es geht. Der Zusammenhalt lässt nach, der Einzelne mit seinen Interessen wird wieder wichtiger als das Ganze. So bleibt auch diese kleine proletarische Vereinigung nur ein Umweg in die neue Zeit.

Wolfgang Becker ist 2002 aus dem Unternehmen ausgestiegen, da war er 65. Er hätte noch weitermachen können, aber seine Frau war schwer krank und er wollte Zeit für sie haben. Beantragen Sie doch eine Pension, sagte ihm damals sein Partner in der Firmenleitung, bei uns ist es üblich, dass Geschäftsführer eine Pension bekommen. Mach ich, hat Becker gesagt, aber nur, wenn die anderen Mitgründer auch eine kriegen. Der Aufsichtsrat hat das abgelehnt. Becker ging leer aus.

In der Werkhalle haben die Kollegen zu seinem Abschied ein Schild angebracht, auf dem »Wolfgang Becker Platz« steht, das gibt es noch heute. Zurzeit wird voll gearbeitet, aber die Auftragslage ist wieder mal nicht gut, und im Herbst könnte Kurzarbeit drohen. Becker war schon länger nicht mehr im Werk. Im Seniorenkolleg der Uni hält er jetzt Vorträge über sein ehemaliges Unternehmen und im Chemnitzer Industriemuseum ist er Fördermitglied. Er klappt noch einmal seinen Koffer auf und holt ein klobiges, schwarz eingefärbtes Schild aus Aluminiumguss heraus, auf dem UNION steht. Solche Schilder wurden früher an die Maschinen geschraubt, erzählt er. Becker hat sich das Schild, als er aufhörte, als Erinnerung mitgenommen. Die Union ist noch immer sein Werk.

Dann war's das auch

Lutz Pokall war Nachrichtensprecher beim
Berliner Rundfunk. Heute verkündet er auf der
Galopprennbahn Hoppegarten die Wettquoten.
Er nimmt es gelassen. Ernüchtert ist er schon.

Von Anne Lena Mösken

Lutz Pokalls früheste Kindheitserinnerung ist der Geruch
von West-Berlin. »Fruchtig«, sagt er, »Frisch. Nach Schokolade. So ganz anders.« Er war noch ein kleiner Junge, damals, Ende der fünfziger Jahre, als seine Mutter ihn mit-
nahm, wenn sie nach Neukölln fuhr, wo sie, die Alleinerzie-
hende, sich ein paar Mark als Kellnerin dazuverdiente. Er
erinnert sich auch noch an die Instrumente der Kapelle, die
im Hof des Lokals spielte. Aufgeregt griff er die Hand der
Mutter, zeigte auf den Kontrabass, der ihm riesig erschien:
»Beißt das?«

Lutz Pokall hatte Ehrfurcht vor dieser Welt, die ihm dreißig Jahre lang fremd bleiben, die er erst als Erwachsener
wieder betreten sollte. Wieder sollte er über sie staunen wie
damals und sie auch ein wenig bedrohlich finden. Später,
da war die Mauer bereits zwei Jahre gefallen, kam ein Gefühl hinzu, das ein Kind noch nicht kennt: Ernüchterung.

Sie ist bis heute geblieben. Und dass daraus nicht Verbitterung wurde, ja, dass man die Ernüchterung Lutz Pokall
nicht einmal anmerkt, nicht auf den ersten Blick zumindest, das liegt auch daran, dass er in der DDR gelernt hat,
sich anzupassen, ohne sich zu verbiegen: »Freundlich sein,
seine Arbeit machen, Kompromisse schließen«, sagt Lutz
Pokall, »so kommt man gut durch.«

Auch an diesem Morgen hat er mal wieder seine Arbeit

gemacht. »Haben Sie etwas dagegen, dass ich die Krawatte abnehme?«, sagt er. Es ist stickig in dem winzigen Raum im Waagegebäude der Galopprennbahn Hoppegarten, gleich neben der Stube der Jockeys. Kabel hängen in Bündeln über Haken an der Wand, davor mannshohe Kästen, an den Seiten ein Gewirr aus Schaltern und noch mehr Kabeln. An den Renntagen sitzt Lutz Pokall hier vor dem Mikrofon und verkündet die Quoten. Es war der erste Job, den er nach der Wende bekam. Und es ist der einzige, den er seither behalten hat.

Heute ist kein Renntag. Trotzdem ist Lutz Pokall am Tag zuvor in Schwerin, wo er lebt, in den Zug gestiegen und nach Berlin gefahren; hat sich ein Nadelstreifenjackett zu lilafarbenem Hemd und Cordhose angezogen, die Krawatte gebunden, sich am Eingang der Rennbahn neben die Büste von Erich Klausener gestellt und ein Grüppchen betagter Herrschaften durch eine Gedenkveranstaltung zu dessen 80. Todestag geführt. Er ist froh um jedes bisschen Extrageld.

In seinem Kabuff sitzt Lutz Pokall jetzt und lauscht über einen Lautsprecher dem Klang von klirrenden Sektgläsern und Gemurmel im Gebäude gegenüber. »Darf ich um ein kurzes Gehör bitten?«, fragt dort eine Stimme. »Was, bitte, ist ein kurzes Gehör?«, sagt Lutz Pokall und schüttelt den Kopf. Er erträgt solche Sätze nicht. Wenn er eines nicht leiden kann, dann sind es Worthülsen, sprachlicher Unsinn. Er muss dann einen Witz machen: »Was ist ein Ingenieur für mobile Großraumlogistik?« Pause. »Ein Gabelstaplerfahrer!«

Sprache ist Lutz Pokalls Halt im Leben, in ihr hat er sich immer zurechtgefunden, sie hat er immer beherrschen können, auch wenn um ihn herum alles zerfiel. Sein an-

derer Halt: Humor. »Früher bekamen wir von der Polizei manchmal diese Pressemitteilungen: Die Teilnehmer der Demonstration haben sich aufgelöst. Ha! Dann hätte ich da am liebsten angerufen und gefragt: Haben Sie Fotos davon? Das will ich sehen!«

Es gab viele Demonstrationen in der Zeit, bevor Lutz Pokall in Hoppegarten Wettquoten verlas, kurz vor der Wende, als er noch Nachrichtensprecher beim *Berliner Rundfunk* war. Er hatte Dienst, als an einem Montag im November 1989 Künstler Hunderttausende Menschen dazu bewegten, für die Freiheit zum Alexanderplatz zu ziehen. Drinnen in seiner Sprecherkabine, Block E, Nalepastraße, Oberschöneweide, spürte er zwischen den nüchternen Zeilen auf dem Papier die Spannung da draußen.

Lutz Pokall merkte, dass sich die Welt zu ändern begann, weil die Nachrichten interessanter wurden. »Wir haben ja oft Mist vorlesen müssen«, sagt er. Seitenlange Aufzählungen von wichtigen Persönlichkeiten und ihren Titeln, die einzige Nachricht am Ende: dass man sich ausgetauscht habe. »Das muss man ausblenden, sonst ist man für den Job nicht geeignet.«

Ich bin nicht die Nachricht, ich bin nur der Sprecher. Das ist so ein Satz aus dieser Zeit, den er mitgenommen und zu seinem gemacht hat. Er war ein guter Sprecher, schon immer. Vielleicht, weil er immer viel gelesen hat. Das lehrte ihn, die Sprache zu lieben. Wenn in der Schule einer vorlesen sollte, riefen die Mitschüler: »Das muss Lutze machen!« Dann las er, verstellte die Stimme, imitierte Dialekte, bis alle lachten.

1961, als die Mauer gebaut wurde, hörte die Mutter auf, in Neukölln zu kellnern, stanzte stattdessen Lochkarten in der Abteilung für Datenverarbeitung von Berlin Chemie.

»Wir packen das zusammen«, sagte die Mutter, wenn das Geld mal wieder knapp war. Sie sprach mit dem Sohn wie mit einem Gleichaltrigen. Lutz Pokall musste früh erwachsen werden, viel mit sich allein sein. Gestört hat ihn das nie. Er hatte seine Bücher. »Ich war schon immer ein Einzelgänger«, sagt er. »In großen Massen habe ich mich nie wohlgefühlt.« Wenn es darum ging zu marschieren, schaltete er den Kopf aus und marschierte, passte sich an. Der Vater verschaffte ihm eine Lehrstelle als Werkzeugmacher.

Er sagte Nein, als die Stasi ihn anwerben wollte; er sagte Nein, als man in der Armee versuchte, ihn für die SED zu gewinnen. Er hatte schon Nein gesagt, als seine Mutter ihn zur Christenlehre schicken wollte. Wenn es etwas gab, an das er glaubte, dann, dass jeder selbst für das Verantwortung trägt, was er tut. Ein Rebell war er nie. »Die SPD von Willy Brandt hätte mich interessiert«, sagt Lutz Pokall. Aber die war so weit weg wie der Geruch von West-Berlin aus Kindertagen.

Anfang der Achtziger dann las er einen Artikel in der Fernsehzeitschrift *ff dabei:* »Sprecher will gelernt sein«, stand darüber und darunter, wie man Sprecher im Radio wird. »Das wäre doch was«, dachte Lutz Pokall und schrieb einen Brief an *Radio DDR.* Als Antwort erhielt er eine Einladung zum Probesprechen. Da stand er dann, der Werkzeugmacher, 25 Jahre alt, in einer langen Schlange von Mitbewerbern im Hof der Studios an der Nalepastraße. Er bekam den Job.

Ein Jahr lang bildete ihn eine Sprecherzieherin aus. Er lernte, wie man atmet, dass die Flanken dabei beben, wie man die Dinge so beschreibt, dass der Hörer sie vor sich sieht, wie man seiner Stimme Farben gibt. Er tauchte ein in eine neue Welt, die ihm Spaß machte. Er lernte sie alle kennen: Helga Hahnemann, die große Unterhalterin, Heinz Florian Oertel, den großen Sportreporter. Mittags moderierte Lutz Pokall den »Pulsschlag der Zeit«, abends »Die Welt heute Abend« und immer wieder die Nachrichten im Schichtdienst, Früh, Spät, Nacht.

»Manchmal war es eintönig, sicher«, sagt Lutz Pokall, »die großen Nachrichten hast du aus der *Tagesschau* erfahren, nicht von uns.« Aber es gab diese Momente, die ihn packten. Er hatte Dienst, als Boris Jelzin Michail Gorbatschow absetzte. »Da ging mir die Düse«, sagt er. »Wenn du sowas verkünden musst und nichts daran ändern kannst, dann ist das schon gemein.«

Vielleicht war das sein größtes Problem: dass ihm die Nachrichten zu Herzen gingen. Bis heute sagt er, dass es ein Glück war, dass er am 9. November 1989 Frühdienst hatte und schon allein zu Hause vor dem Fernseher saß, als Günter Schabowski die Mauer ungewollt öffnete. »Am Mikrofon wäre mir die Stimme zittrig geworden«, sagt er. Er hätte nicht mehr trennen können zwischen der Nachricht und ihm, dem Sprecher.

Die ersten Erinnerungen an West-Berlin nach der Wende: wie er mit seiner Frau am Südstern aus der U-Bahn stieg und als erstes einen Bettler sah; wie der Verkäufer im Schnapsladen ihnen riet, zum Supermarkt an der Ecke zu gehen, weil es dort billiger sei. »Sehen wir so sehr aus wie Ostdeutsche?«, dachte Lutz Pokall. Wie vollgestopft die Regale waren und er nicht wusste, was er nehmen sollte; wie der Bekannte, den sie besuchten, sagte: »Jetzt werdet ihr erst mal lernen, was es heißt, Steuern zu zahlen.« Lutz Pokall schluckte und sagte nichts. Aber er ahnte in diesem Moment, dass es nicht so einfach werden würde.

Die Nachricht kam schnell: Am 31. Dezember 1991 sollte der *Berliner Rundfunk* eingestellt werden. »Wir wurden abgewickelt«, sagt Lutz Pokall. »Wer dieses Wort erfunden hat ... na ja.« Er ging also zum *RIAS,* er konnte ja was. Die Frau, die das Bewerbungsgespräch führte, sah ihn lange an. »Sie haben im Osten über Jahre Honecker vorgelesen und jetzt hört man Sie auf einmal bei uns. Was soll ich davon halten?« Er wusste keine Antwort. Sie bot ihm trotzdem vier Dienste im Monat an und 1000 Mark. »Die wussten genau, dass ich das nicht annehmen würde«, sagt Lutz Pokall. Beim *Berliner Rundfunk* hatte er das Dreifache verdient.

Zu diesem Zeitpunkt dachte er noch: So dringend habe ich es nicht nötig. Als es auch bei der *ARD* nichts wurde, als die Privaten ihm sagten, er sei zu alt, mit Mitte dreißig, da wurde er unruhig. Der *Berliner Rundfunk* wurde privatisiert, man ließ ihn noch dreimal ans Mikrofon, er durfte Hits und Oldies ansagen. »Dann war's das auch.«

Lutz Pokall ist keiner, der es gut aushalten kann, nichts zu tun. Er hörte, dass sie in Süddeutschland Sprecher suchten. Der Sender hieß *Schariwari.* »Ich musste erst mal nachgucken, was das heißt«, sagt er. »Das sind so Bommel, die an den Lederhosen dranhängen.« Man schickte ihn, den Ostdeutschen, lieber zurück, nach Dresden, wo gerade der Lokalradiosender neu gegründet wurde.

Nach ein paar Jahren wurden dort die Nachrichtensprecher wegrationalisiert, in Rostock ging die *Ostseewelle,* die er ebenfalls mit aufbaute, fast pleite, und er verlor wieder seinen Job. Er arbeitete für das Lokalradio *Lohro,* ehrenamtlich, und dann fürs Lokalfernsehen, erst in Rostock, dann in Schwerin, bis er dort auch zu teuer wurde. »Der Mohr hatte seine Schuldigkeit getan«, sagt Lutz Pokall.

Wann er die Ernüchterung das erste Mal spürte? »1992 vielleicht«, sagt er. Als er arbeitslos zu Hause saß, viel Zeit zum Nachdenken hatte und in Rostock-Lichtenhagen das Haus der Asylbewerber brannte. »Irgendwas spielt jetzt verrückt«, dachte Lutz Pokall da. »Das ist doch nicht die Wende, für die alle auf die Straße gegangen sind.«

Oder war es, als seine Frau eines Tages anrief? Sie hatte als Aufnahmeleiterin schnell einen Job gefunden, in Köln. Sie sahen sich kaum noch. Es gab keinen Streit, als sie sich trennten. »Man darf sich nicht wegdrehen«, sagt Lutz Pokall, »man kann nicht durch alles durchkommen, Niederlagen muss man wegstecken.«

Aber wann wird es zu viel? Wenn man schließlich neben Dutzenden anderen, die auch irgendwo abgewickelt wurden, in einem Call Center in Wismar sitzt und Geschäftsleuten eine neue Internetseite verkaufen soll? Er bekam einen Strich auf einer Tafel, wenn er den Leuten am Telefon einen Termin andrehte, und einen Klebestreifen und 30 Euro, wenn aus dem Termin etwas wurde. Kapitalismus von seiner besten Seite: sich anpassen, bis es schmerzt. Am Tag, nachdem er seinen ersten Streifen bekam, ging das Call Center pleite, und Lutz Pokall stand wieder auf der Straße. »Verkaufen war nicht mein Ding«, sagt er, »Nachrichten können sich die Leute anhören oder es lassen. Im Call Center musst du die Leute zwingen, dir etwas abzukaufen.«

Lutz Pokall hat seine Reisetasche geschultert, er steht auf dem Bahnsteig, Endstation Hoppegarten. Er will noch eine Currywurst essen, bevor er in den Zug nach Schwerin steigt. Am Tag zuvor ist er mit dem Bus an der Nalepastraße vorbeigekommen. »Da wäre ich gerne ausgestiegen, um mich mal umzuschauen.« Er blieb sitzen. Wer sich anpasst, lässt die Sehnsucht nicht mehr sein als einen kleinen Stich hin und wieder. Wer sich anpasst, hat gelernt, allem etwas abzugewinnen.

»Vermutlich würden meine Nerven es heute eh nicht mehr mitmachen, die Nachrichten zu sprechen«, sagt Lutz Pokall. Also arbeitet er wieder im Call Center, in einem, wo nicht er die Leute anruft, sondern sie ihn. Das macht es einfacher. Er hilft, wenn es zu Hause Probleme mit dem Internet gibt. »Schon toll, was man heutzutage alles machen kann«, sagt er. »Ich habe viel gelernt.« Manchmal motzen sie ihn an, diese Leute, es fällt ihm nicht leicht, das wegzustecken, aber es freut ihn, wenn er so jemanden »knackt«, wie er es nennt, und der am Ende sagt: »Das war ein gutes Gespräch.«

Auf dem Gleis sagen sie den Schienenersatzverkehr an: »Bitte nutzen Sie die Umfahrung ...« Da! Schon wieder so ein Wort. Lutz Pokall zieht die Augenbrauen hoch. »Eine Umfahrung«, äfft er die Ansage nach. In den Jahren nach der Wende hat er manchmal Kurse für Radiosprecher gegeben. Wenn einer dieser jungen Leute ihn dann fragte, wie er es selbst geschafft hat, antwortete er: Gebrauche deine Ellenbogen. Er riet ihnen nicht, sich anzupassen.

Eine Frage des Prinzips

Bianca Urban, die Bürgermeisterin von Märkisch Buchholz, ist eine kompromisslose Frau. Als ein NPD-Mann in das Ortsparlament gewählt wurde, wollte sie eigentlich hinschmeißen. Doch sie blieb.

Von Katrin Bischoff

Hellgelbe Farbe ziert das zweigeschossige Haus gleich neben dem Eiscafé. Es ist ein unscheinbares Gebäude an einer unscheinbaren Kopfsteinpflasterstraße, die sich quer durch das brandenburgische Märkisch Buchholz zieht. Das Haus war einst die Dorfkneipe, das Café Görsch. Zwei Briefkästen hängen am großen Tor. Nichts deutet auf die heutige Bestimmung des Hauses in der Friedrichstraße 27 hin, das im Ort nun anders heißt. Café Braun wird es genannt. Oder NPD-Haus. Seit drei Jahren wohnt hier Sven Haverlandt. Er macht aus seiner rechtsextremen Gesinnung keinen Hehl. Haverlandt hat die Fenster im Obergeschoss vergittern lassen und in dem Haus ein Büro der NPD eingerichtet. Bei den Kommunalwahlen im Mai wollte er der erste Bürgermeister der NPD in Brandenburg werden. Es kam anders.

350 Meter von dem Haus mit der gelben Fassade entfernt, dort, wo die Kopfsteinpflasterstraße in einen asphaltierten Damm übergeht, steht ein schöner Backsteinbau, eine alte Schule. Sie wurde saniert und vor zwei Jahren als Literatur- und Begegnungszentrum mit Gemeindebüro eröffnet. Es ist benannt nach dem prominentesten Einwohner des Ortes, dem 1984 verstorbenen Schriftsteller Franz Fühmann. Im Haus ist es kühl, Bianca Urban führt erklärend durch das Gebäude. Hier die Fühmann-Ausstellung, dort das Literaturcafé, in dem die alten Stühle aus der

Schulaula stehen. Die Mädchen und Jungen vom Jugendclub gegenüber haben sie aufgemöbelt. Bianca Urban bietet Kaffee an, schenkt sich selbst eine Tasse ein und setzt sich dann in den schattigen Garten, den sich das Literaturzentrum und der Jugendclub teilen.

Die blonde Frau mit dem wachen Blick hinter der randlosen Brille ist der Gegenpart zu Haverlandt. Bianca Urban ist Mitinitiatorin der Bürgerinitiative »Buchholz offen und bunt«, die Haverlandts Pläne und die seiner Partei durchkreuzt hat. Urban hat selbst für das höchste Amt ihres Heimatortes kandidiert. Zum zweiten Mal nach 2008 ist sie Bürgermeisterin geworden. Beim ersten Mal, als sie für den Heimatverein angetreten war, hatte es nicht auf Anhieb geklappt. Urban musste in die Stichwahl. Diesmal ging sie für die Bürgerinitiative an den Start. Das Votum war überwältigend. Weit über zwei Drittel der Wähler wollten, dass sie auch in den nächsten fünf Jahren weitermacht.

»Klar ist das ein tolles Wahlergebnis und ein echter Vertrauensbeweis«, sagt Bianca Urban, die Fachanwältin für Sozialrecht. Sie streicht sich eine blonde Strähne aus der Stirn. Ihr Lächeln hält nicht lang, sie räuspert sich, schlägt die Beine übereinander und nippt nachdenklich an ihrem Kaffeepott, den sie so hält, als müsste sie sich die Hände daran wärmen. Der NPD-Mann ist zwar als Bürgermeisterkandidat »grandios gescheitert«, wie sie ohne Ironie sagt. Doch viele Buchholzer haben ihn in das örtliche Parlament gewählt. Sogar mit dem fünftbesten Ergebnis unter 25 Bewerbern. An einer geringen Wahlbeteiligung kann es nicht gelegen haben, fast 80 Prozent der Buchholzer gaben am Wahltag ihr Stimme ab.

Bianca Urban, 37 Jahre alt, hat das persönlich genommen. »Dass er es so eindeutig schafft, damit habe ich nicht gerechnet, das war ein echter Schock«, bekennt sie, ihr rechter Fuß wippt nervös. Sie versucht erst gar nicht schönzureden, was so offensichtlich geworden ist. Dafür ist sie gar nicht der Typ. »Mir war überhaupt nicht klar, dass wir hier so ein rechtes Potenzial haben.«

Hier, das ist ihre Heimat. Hier ist sie zur Schule gegangen, in jenem Backsteingebäude, in dessen Garten sie gerade sitzt. Bis es die DDR nicht mehr gab, bis aus der Polytechnischen Oberschule die Fühmann-Grundschule wurde und Bianca Urban nach Königs Wusterhausen musste, um ihr Abitur zu machen. Da war sie zwölf, der Konsum, in dem die Mutter arbeitete, wurde ein Supermarkt, die LPG, in der der Vater Schlosser war, machte dicht.

»Meine Eltern haben nicht resigniert«, sagt Bianca Urban. Sie haben sich mit einem kleinen Hotel selbständig gemacht. Die Pension gibt es immer noch. Bianca Urban hat in Berlin studiert, später in Stralsund bei der Rechtsschutz GmbH des Deutschen Gewerkschaftsbundes gearbeitet. Doch als es dann nach München gehen sollte, ist sie zurückgekehrt nach Märkisch Buchholz. Wegen der Familie, wegen der Freunde, wegen der Ruhe nahe an der Großstadt, wegen ihrer beiden Kinder, die hier aufwachsen sollten. Es klingt nach Heimweh.

Märkisch Buchholz ist ein idyllisches Örtchen, das Tor zum Spreewald, so steht es in den Reiseführern. Die kleinste Stadt Brandenburgs hat mit ihren gerade einmal 750 Einwohnern die Größe eines Dorfes. Es gibt den Heimatverein, den Tourismusverein und den Sportverein. Die Angler sind ebenso organisiert wie die Kleingärtner. Mitten im Wald liegt ein kleiner jüdischer Friedhof, der zur Nazizeit teilweise verwüstet worden ist. Der Ort selbst wurde im Zweiten Weltkrieg zu 70 Prozent zerstört. In der Gegend tobte die letzte große Kesselschlacht. Die Toten liegen auf dem größten deutschen Soldatenfriedhof im Nachbarort Halbe. Dort marschierten jahrelang alte und neue Nazis zum sogenannten Heldengedenken auf. Halbe schaffte es damit jedes Jahr in die Nachrichten. In Märkisch Buchholz, nur fünf Autominuten entfernt, blieb es ruhig.

Bis das Café Görsch verkauft wurde – an die Ehefrau des damaligen NPD-Kreisvorsitzenden. »Den Namen Haverlandt kannte hier keiner«, sagt Bianca Urban fast entschuldigend. Auch dem Makler war entgangen, dass der Mann seiner Kundin noch aktives Mitglied der NPD, ja sogar Parteifunktionär war.

Wie hat sie erfahren, wer sich da in Märkisch Buchholz niedergelassen hat? Die Bürgermeisterin muss nicht lange überlegen, sie hat die Daten zur Friedrichstraße im Kopf. Vor vier Jahren war das. Ausgerechnet beim Tag der Vielfalt in Halbe, einem Fest, das einst aus der Protestbewegung gegen die braunen Aufmärsche dort hervorgegangen war. Urban wurde von einem Mitarbeiter des Verfassungsschutzes angesprochen. Aber da war es bereits zu spät. Der Kaufvertrag war unterschrieben.

In der Friedrichstraße fanden bald Liederabende und Gartenfeste der NPD statt. Und Haverlandt kündigte an, ein Jugendzentrum aufzubauen. Es war die Zeit, als überall in Brandenburg Neonazis nach geeigneten Immobilien für ihre Nachwuchsarbeit suchten. Die Gemeinde Rauen im Südosten von Berlin war im Gespräch, ebenso wie Plattenburg im Norden Brandenburgs. Die märkischen Orte verschwanden nach einem kurzen Intermezzo aus den Schlagzeilen, als sich die Bürger dort gegen die Pläne der NPD aufgelehnt hatten.

Und plötzlich stand Märkisch Buchholz im Fokus. »Wir

haben noch versucht, den Kauf des Vierseithofs rückgängig zu machen, aber die Eigentümerin wollte nicht. Ihr war es egal. Sie war froh, dass sie die Klitsche losgeworden ist«, erzählt Bianca Urban. Zumindest das Jugendzentrum konnte das örtliche Parlament verhindern – über den Bebauungsplan. In dem wurde die Friedrichstraße als allgemeines Wohngebiet ausgewiesen, was eine Nutzung als Veranstaltungsort unmöglich macht.

Als vor drei Jahren Neonazis an der Friedenseiche am Marktplatz aufmarschierten, riefen die Bürgermeisterin und der Pfarrer Jürgen Behnken zur Andacht in die Kirche. 180 Buchholzer kamen, und während auf dem Marktplatz gegen Ausländer und den Euro gehetzt wurde, gründete sich in dem Gotteshaus die Bürgerinitiative »Buchholz offen und bunt«, kurz Bob. Die Initiative kreierte den Briefkasten-Aufkleber, der Anfang 2012 an alle Buchholzer Haushalte kostenlos verteilt wurde und der die unmissverständliche Botschaft trägt: »Keine Werbung der NPD«. Man sieht die bunten Sticker an einigen Briefkästen im Ort.

Bianca Urban bringt die Glückwunschkarten für die älteren Buchholzer, die Geburtstag haben, noch persönlich vorbei. Um der Gemeinde Porto zu sparen. Daher weiß die Bürgermeisterin, dass nicht viele Buchholzer das Bekenntnis gegen rechte Propaganda nach außen tragen. Der Ort ist gespalten. Es gibt diejenigen, die die NPD im Ort nicht akzeptieren. Doch es gibt auch diejenigen, die anders darüber denken. »Ich habe immer wieder gehört, was für ein freundlicher Mensch der Haverlandt doch eigentlich sei oder dass die NPD ja nicht verboten ist«, sagt die Bürgermeisterin. Sie erzählt davon, wie manche aus dem Ort gegen Fremde wettern. »Das ist völlig verrückt, das ist dumm. Im Ort leben gerade mal eine Handvoll Ausländer«, sagt

Bianca Urban. Und schließlich sei sie die Bürgermeisterin für alle Buchholzer, egal, woher sie kommen und welche Hautfarbe sie haben.

Bianca Urban ist eine engagierte Bürgermeisterin; all das, was sie für Märkisch Buchholz tut, tut sie ehrenamtlich, so ist das in diesem Amt. Urban muss es neben ihrer Arbeit in der Stadtverwaltung von Rüdersdorf bewältigen, wo sie Fachgebietsleiterin und damit dritte stellvertretende Bürgermeisterin ist. Sie hat damit, wenn man so will, zwei Bürgermeisterämter inne.

Bianca Urban ist ehrlich. Sie sagt, ihre Familie habe erheblich zurückstecken müssen in den vergangenen Jahren. Ihren großen Sohn nervte es, immer wieder den Namen seiner Mutter in der Zeitung lesen zu müssen und in der Schule darauf angesprochen zu werden. Bianca Urban sagt, sie habe wegen der Familie eigentlich nicht noch einmal kandidieren wollen.

Warum also doch? Sie lächelt, spricht über ihren inzwischen 16 Jahre alten Sohn. Der habe ihr völlig überraschend gesagt: »Mama, mach das, es ist wichtig.« Weil die NPD in Märkisch Buchholz ohne ihre Kandidatur vielleicht eine Chance gehabt hätte. Bianca Urban hat sich breitschlagen lassen vom Sohn, wie sie sagt. Sie hat aber auch eine Bedingung gestellt. Sie wollte hinschmeißen, wenn Haverlandt ins örtliche Parlament gewählt werden sollte. Sie war sich sicher, dass die Buchholzer dies verhindern würden. Sie hatte sich geirrt.

Urban ist eine Frau, die hält, was sie ankündigt. Und als feststand, wer in die Gemeindevertretung kommt, hätte sie eigentlich stark sein müssen, so wie sie es immer war. Doch was ist stark in einer solchen Situation, in der zwei Drittel der Wähler ihren Namen als Bürgermeisterin angekreuzt haben? Enttäuscht man diese Menschen? Lässt man sie allein? Gibt man auf, weil es einen Herrn Haverlandt in der Gemeinde gibt? Liefert man der NPD nicht sogar ein Argument, wenn man die Wahl annimmt: Schaut, sie hat ihr Versprechen gebrochen?

Bianca Urban hat sich diese Fragen oft gestellt nach der Wahl. Der Familienrat tagte und entschied, sie sei gewählt worden, also solle sie auch Bürgermeisterin bleiben. Leute im Dorf redeten ihr zu. Der Pfarrer beschwor sie, jetzt nicht alles hinzuschmeißen. Bianca Urban sagt, letztlich sei es Behnken gewesen, der sie überredet habe.

Der Pfarrer Jürgen Behnken ist ein nachdenklicher Mensch, der mit Bedacht redet. Er findet es großartig, dass sich Bianca Urban durchgerungen hat. »Das Wahlergebnis war so eindeutig, sie musste einfach weitermachen.« Behnken sagt, in Märkisch Buchholz sei die richtige Strategie gegen die NPD gefahren worden. »Es gab Aktionen, die haben viele Leute zum Nachdenken gebracht. Die Andacht, als die Nazis hier aufmarschiert sind, oder das Marmeladenfrühstück.« Es habe im Ort von Anfang an Diskussionen um den neuen Nachbarn aus der Friedrichstraße gegeben, die zu einer Spaltung in Märkisch Buchholz geführt haben. »Haverlandt kommt ja auch lieb und nett, fast schüchtern daher«, erzählt der Pfarrer. Der Mann sei äußerst geschickt. Deswegen sei es wichtig zu sagen, dass man keine Nazis im Ort will, keine Menschen, die Ausländer hassen. Die Bürgermeisterin sei da klar und eindeutig. »Das trägt sie auch in die Öffentlichkeit. Ihre Energie ist enorm«, sagt der Pfarrer. Als Bürgermeisterin kenne Bianca Urban keine Kompromisse.

Bianca Urban nickt. Es stimmt, sie ist kompromisslos. Sie stellt hohe Ansprüche an sich, die sie auch auf andere überträgt. Alles muss perfekt sein. Selbst zu Hause. Dabei könnte es ihr doch eigentlich egal sein, wenn die Kinder vergessen haben, den Geschirrspüler auszuräumen. »Perfekt sein zu wollen, ist nicht immer gut. So etwas kann auch Stress sein«, sagt sie.

Bianca Urban ist nun wieder im Amt. Die Arbeit wartet, es geht um die Zukunft der Kita, der Jugendclub müsste ausgebaut werden. Ein französisches Unternehmen will hier vielleicht ein Kraftwerk bauen; Märkisch Buchholz steht auf einer Gasblase. Die Bürgermeisterin will ihre Arbeit tun und dabei nicht immer nur an die Friedrichstraße denken müssen. Sie will selbst in der Gemeindevertretung so wenig Kontakt zu Haverlandt wie möglich. Sie hat sich einen Kommentar zur Kommunalverfassung bestellt, um nachzulesen, wie weit sie dabei gehen kann.

Bei der konstituierenden Sitzung des neuen Ortsparlaments hat Bianca Urban viel Applaus bekommen, die Gemeindevertreter und Zuschauer sind dabei aufgestanden. Nur einer blieb reglos sitzen: der Vertreter der NPD.

Der Evolutionär

Der Journalist Christoph Dieckmann hat in
Reportagen und Büchern immer wieder den
deutschen Osten vor und nach der Vereinigung
beschrieben. Und er tut es noch.

Von Andrea Beyerlein

Plötzlich springt Christoph Dieckmann von seinem Korb-
stuhl auf und ruft lachend: »Das muss ich Ihnen zeigen!«
Der groß gewachsene Mann, der die ergrauten Haare im
Nacken zum Zopf zusammenbindet, umkurvt routiniert all
die Bücher- und Papierstapel im Arbeits- und Wohnraum
seiner Altbauwohnung in Niederschönhausen und kehrt
mit einer Mappe großformatiger Schwarz-Weiß-Fotos aus
dem Flur zurück. Es sind Fotos von der Feierstunde zur
Deutschen Vereinigung am 3. Oktober 1990 im Rosengar-
ten des Weißen Hauses. Präsident George Bush senior am
Rednerpult vor Ehrengästen. Während ein Kinderchor in
Seppelhosen und karierten Hemden »Auf der schwäb'sche
Eisenbahne« sang, saß Christoph Dieckmann in der zweiten Reihe und schoss Fotos. Nur: Er war gar nicht eingeladen.

Noch immer kann sich Christoph Dieckmann köstlich
über diese Situation amüsieren. Wenn er lacht, klettert seine ruhige, leise Stimme in eine hohe Tonlage. »Ich war da
der einzige Ostdeutsche«, gluckst er. Wieder einmal war er
ein bisschen anders als die Anderen. Diese Rolle hat er, der
Sohn eines Pfarrers in der DDR, von Kindesbeinen an ein-
geübt. Nach dem Mauerfall hat er sie weiter kultiviert.

Mit zehn Nachwuchs-Journalisten aus zehn Ländern von
Uganda bis Litauen bereiste Dieckmann damals für sechs

Monate die USA. Sein Englisch hatte er zuvor bei der Mutter von Angela Merkel aufpoliert, die Kurse im Missionshaus in Ost-Berlin gab. Dort war er kirchlicher Medienreferent und nebenher freier Mitarbeiter der DDR-Wochenzeitung *Sonntag,* die schon bald zum Freitag werden sollte. Durch glückliche Umstände, er selbst spricht von einem »Ossi-Bonus«, hatte der 34-jährige Theologe mit ungewisser beruflicher Perspektive in den wilden Wendezeiten ein Stipendium des US-amerikanischen World Press Institute ergattert. An jenem 3. Oktober hatte die Gruppe, rein zufällig, einen Besichtigungstermin im Weißen Haus. Dieckmann setzte sich trickreich ab, ging allein auf die Suche nach einer Feier des historischen Tages. Und wurde tatsächlich ungehindert fündig.

Über die Eindrücke von seiner ersten USA-Reise schrieb er fortlaufend im Sonntag. Später wurde ein Buch daraus mit dem Titel »Oh! Great! Wonderful! – Anfänger in Amerika«. Als er zurückkehrte, bot ihm die Hamburger *Zeit* einen Vertrag an. Von da an war er in ihrem Berliner Büro der erste und für lange Zeit einzige ostdeutsche Redakteur. Zu Beginn hat er sich gelegentlich selbstironisch Quoten-Ossi genannt, später Ostschreiber.

In seinen Reportagen und mittlerweile 15 Büchern beschrieb Dieckmann fortan nicht nur, aber vor allem den deutschen Osten. Wie er aus seiner Sicht einmal war und wie er sich nach der Vereinigung verändert hat. Die Orte. Die Menschen. Das Alltagsleben. Seine Aufgabe sah er auch darin, Übersetzungsarbeit zu leisten, sagt er. Den Westlern den Osten zu erklären. In den neunziger Jahren erhielt er für seine stets aus der Perspektive des Einheimischen geschilderten Betrachtungen renommierte Preise. In den Feuilletons wurden seine Bücher bundesweit beachtet und

gelobt. Unter ostdeutschen Intellektuellen gab es regelrechte Dieckmann-Fangemeinden. Das ist alles schon eine Weile her.

In der ersten Wohnung, die er nach dem Untergang der DDR unter neuen Bedingungen anmietete, lebt Christoph Dieckmann nun bald 20 Jahre. Ein Dorf in der Stadt nennt er Niederschönhausen. Das kommt ihm entgegen. Es ist eine ruhige Gegend mit viel Grün. Das Schloss Schönhausen mit seinem weitläufigen Park ist nicht weit. Einst diente es als Gästehaus der DDR-Regierung. Als es mit der zu Ende ging, tagte dort der Runde Tisch. Niederschönhausen gehört zum Berliner Bezirk Pankow. Dessen zentrumsnähere Ortsteile sind schon lange gefragte Zuzugsgebiete des gut situierten Mittelstands und haben sich in vergangenen Jahrzehnten radikal verändert. In Dieckmanns Kiez ist davon noch nicht so viel zu bemerken. Es gibt keine einladenden Straßen-Cafés, nur einige Imbissbuden. Im Einkaufszentrum hält sich eine Filiale des Discounters Mäc Geiz. Aber die Zeiten ändern sich. Inzwischen hat auch ein Biosupermarkt aufgemacht.

In der etwas durchgesessenen Rattansitzecke drapiert Christoph Dieckmann, ganz in Schwarz gekleidet, das Hemd über den Jeans, die Bücherstapel auf dem Tisch so um, dass zwei Menschen ein Gespräch von Angesicht zu Angesicht führen können. »Ich bin ein Burgbewohner«, sagt er grienend. »Geselligkeit findet woanders statt.« Gerne auch in Fußballstadien oder auf Rockkonzerten. Fußball und Musik, das waren von jeher seine liebsten Themen. Dabei ist es geblieben.

Sein Verein ist der FC Carl Zeiss Jena, auch wenn er nur noch in der Regionalliga Nordost spielt. Seit dem ersten Stadion-Besuch als Kind ist er den Jenaer Fußballern innig verbunden, hat ihnen und ihren Fans viele Texte und ein Buch gewidmet. Und noch immer gerät der mittlerweile 58 Jahre alte Rock- und Jazzfan fast in Ekstase, wenn er von den Open-Air-Konzerten von Bruce Springsteen oder Bob Dylan Ende der Achtziger in Ost-Berlin erzählt und von dem Freiheitsgefühl, das die Auftritte bei Hunderttausenden auslösten. Dabei fällt ihm auch die Sendung »Musik für den Rekorder« ein, mit der der DDR-Jugendsender *DT 64* seinen Hörern endlich eine Chance bot, Musik aus dem nichtsozialistischen Ausland mitzuschneiden. »Da wusste man«, sagt er, »es wird sich etwas ändern.«

Damals arbeitete Christoph Dieckmann schon als kirchlicher Medienreferent bei der Berliner Missionsgemeinschaft. Das Studium der Theologie hatte er 1984 abgeschlossen. Ein anderes war für ihn, den Pfarrerssohn, nicht infrage gekommen. In Dingelstedt, dem Harz-Dorf, in dem er aufgewachsen ist und von dem er bis heute liebevoll schwärmt, war die von den Eltern verordnete Abstinenz von den Jungen Pionieren und der FDJ noch kein Problem. Dieckmann zitiert mit hoher Stimme einen Satz, den ihm seine Grundschullehrerin – »die liebe Frau Schmädig« – ins Zeugnis schrieb: »Christoph gehört nicht dem sozialistischen Jugendverband an, aber stand nie abseits, wenn es galt gemeinsam zu schaffen.«

Nach dem Umzug in die Bergarbeiterstadt Sangerhausen halfen alle Empfehlungen und die guten Noten auch nichts mehr. Die Schulrätin verweigerte die Zulassung zum Abitur. Dieckmann erlernte, durchaus mit einigem Vergnügen, den Beruf des Filmvorführers. Für die Zulassung zum Studium am theologischen Seminar in Leipzig reichte ein Facharbeiterabschluss.

Zu seinen Kommilitonen zählten Thomas Krüger, heute

Präsident der Bundeszentrale für politische Bildung, Steffen Reiche, der erste Vorsitzende der Brandenburger SPD, der mittlerweile wieder als Pfarrer tätig ist, und einige andere, deren Namen in der Nachwendezeit bekannt wurden. Rund ein Drittel der Theologie-Studenten in der DDR, glaubt Dieckmann, hatten nie die Absicht, Pfarrer zu werden. Er zunächst schon. Erst später kam er zu der Einsicht, dass er wohl doch ein Einzelgänger sei und damit für die Gemeindearbeit nicht tauge.

Während des Vikariats in Ost-Berlin, der praktischen Ausbildungszeit als Pfarrer, ging der Einberufungsbefehl zum Wehrdienst bei der Nationalen Volksarmee ein. Ein Gespräch mit Manfred Stolpe, dem Konsistorialpräsidenten der evangelischen Kirche in der DDR, half, die Angelegenheit aus der Welt zu schaffen. Als Stolpe Ministerpräsident in Brandenburg war, verfolgte Dieckmann die erbitterten Debatten um seine Kontakte zur DDR-Staatssicherheit als Journalist. Rückblickend meint er, sie hätten dem Zusammenwachsen von Ost und West sogar gedient. »Stolpe war eine starke Figur, hinter der sich die Ostler einreihen konnten.« Dass er ein Mann der Stasi war, glaubt Dieckmann nicht.

Im evangelischen Missionswerk druckte Dieckmann auch Flugblätter für Umwelt- und Oppositionsgruppen. Schon als Vikar war er dabei, als sich in der Studentengemeinde Friedenskreise bildeten. Als Oppositionellen im engeren Sinne sieht er sich trotzdem nicht. »Ich habe keine individuelle Entscheidung gegen den Staat getroffen. Ich musste den Schutzraum Kirche nicht aufsuchen, weil ich mich in ihm befand«, sagt er. »Ich bin ein Evolutionär, kein Revolutionär.«

Von Christoph Dieckmann sind nur selten knappe, plakative Einschätzungen zu bekommen. Er ist für die Öffnung der Stasi-Akten eingetreten und hält sie bis heute für richtig. Seine eigene Akte hat er trotzdem nie angeschaut. Denn ihm fehle in seiner Lebensgeschichte keine Erklärung. Er warnt davor, Repression und Menschenrechtsverletzungen in der DDR zu relativieren. Filme wie »Das Leben der Anderen« oder Serien wie »Weißensee« nennt er trotzdem Agitprop. Ostalgie ist für ihn keine DDR-Verklärung. Es gehe auch um die Eroberung des eigenen, von der SED fremdbestimmten Landes, sagt Dieckmann. Die Heimatverbundenheit, die sich nach der Regionalisierung der neunziger Jahre entwickelte, habe auch etwas Nachholendes. »Das Land ist da. Viel älter als die DDR.« Mit dem Begriff Ostidentität kann er dennoch wenig anfangen. Mit einem Pfarrerssohn aus Schwaben habe er wohl mehr gemein, als mit dem Bergmannskind aus Sangerhausen. »Aber ich kann mich mit dem Bergmannskind trotzdem gut verstehen.«

In einem Punkt ist Christoph Dieckmann allerdings eindeutig. Auch mit dem Abstand von 25 Jahren empfindet er den Mauerfall als ein großes Glück. Für ihn persönlich sei die Geschichte gut verlaufen, beruflich und privat. Das individuelle Erleben sei immer stärker als die politischen Großereignisse, sagt er. »'89 war für mich das Jahr, in dem meine erste Ehe zerbrach.« Er hat ein zweites Mal geheiratet und als Journalist habe er »ein Dutzend Jahre alle Freiheiten« gehabt.

Irgendwann ließ das Interesse an den Befindlichkeiten des Ostens nach. Bei den zumeist westdeutschen Lesern und in der Redaktion der *Zeit*. Da fielen auch Sätze wie: »Wir machen eine Zeitung und keine Literatur.« Man einigte sich. Heute ist Dieckmann als Autor für das Blatt tätig, arbeitet zu Hause. *Die Zeit* bemüht sich seit 2009, mit einer Ost-Ausgabe neue Leser zu gewinnen. Drei Extra-Seiten, die im Westen Deutschlands und Berlin nicht zu lesen sind. Christoph Dieckmann hat dort eine feste Kolumne mit dem Titel »Die Ostkurve«. Große Reportagen hat er zuletzt über Verdun und Usbekistan geschrieben.

Die Frau mit dem Plan B

Doris Derfling gründete nach dem Mauerfall mit ihrem Mann ein Fuhrunternehmen. Das ging schief. Heute leitet sie eine Schuldnerberatung in Berlin.

Von Petra Ahne

Das Bild ist das erste, was man sieht, wenn man in Doris Derflings Büro kommt: eine Holzbank unter mächtigen Bäumen, der größte Teil des Fotos ist von vollem Laub ausgefüllt und von den dicken Stämmen. Die Bank steht einladend davor, man kann sich vorstellen, dass es gut tun würde, auf ihr zu sitzen. Nur das Rascheln der Blätter würde man hören, ein paar Vögel vielleicht. Man würde einatmen. Ausatmen. Ruhig werden.

Doris Derfling hofft, dass ein bisschen von diesem Gefühl bei den Menschen ankommt, die ihr Zimmer bei der Schuldnerberatung Marzahn-Hellersdorf betreten. Darum hat sie das große Foto genau gegenüber dem Schreibtisch aufgehängt, an dem ihre Klienten Platz nehmen. Sie sagt, dass die genau das schon lange nicht mehr können: durchatmen, die Dinge mit Abstand betrachten. »Wenn man Schulden hat, stürmt alles auf einen ein, man kann wichtig und unwichtig nicht mehr unterscheiden. Man ist wie gelähmt.«

Doris Derfling, Leiterin der Schuldnerberatung Marzahn-Hellersdorf, kennt diese Gefühle. Sie hat sie durchgemacht.

Sie erzählt ihren Klienten nicht, dass es ihr vor ziemlich genau 20 Jahren ging wie ihnen: als ihr und ihrem Mann von der Begeisterung über den Mauerfall nicht viel geblieben war als Ernüchterung, ein zu Bruch gegangener Traum vom Neuanfang als Unternehmer und ein Berg Schulden. Die Klienten werden es auch nicht vermuten, denn Doris Derfling vermittelt rundweg den Eindruck einer Frau, die mit der Welt im Einklang ist und Ungemach in Schach zu halten weiß: direkter Blick aus dezent geschminkten Augen, sorgfältig aufeinander abgestimmte zurückhaltend-elegante Kleidung, eine klare Stimme, mit der sie entschiedene Sätze formuliert. Auch das Büro im Erdgeschoss eines Wohnblocks in Hellersdorf verrät Ordnungsliebe, alles ist an seinem Ort, von den akkurat beschrifteten Aktenordnern bis zur geraden Reihe von Orchideentöpfen. Die Menschen, die zu Doris Derfling kommen, führen es vielleicht einfach auf deren Erfahrung zurück, dass sie so genau zu wissen scheint, was sie erleben.

Doris Derfling hat sich zur Schuldnerberaterin ausbilden lassen, um die Hilfe zu geben, die sie und ihr Mann nicht bekommen haben, als sie nicht mehr wussten, wie es weitergehen soll. Mitte der neunziger Jahre war das, die Probleme hatten aber schon viel früher begonnen. »Wir hatten sechs Monate lang das Gefühl, dass das alles eine gute Idee war, danach haben wir nur noch ums Überleben gekämpft«, sagt sie. Die Idee: ein Fuhrunternehmen. Lastwagen, die Ware quer durch Deutschland transportieren würden. Sie schienen das perfekte Team dafür, Herr Derfling hatte in der DDR viele Jahre in einem Fuhrbetrieb gearbeitet, Frau Derfling war Betriebswirtin und kannte sich mit Buchhaltung aus. Sie fühlten sich erfahren, aber noch jung genug, um auszuprobieren, was das Leben nach dem Ende der DDR an Möglichkeiten bereithält. Im Herbst 1990 nahmen sie einen Kredit über 180 000 Mark auf, das Grundstück bei Berlin, auf dem sie mit dem verdienten

Geld bald ein Haus bauen wollten, diente als Sicherheit. Sie kauften drei Lastwagen, stellten Fahrer ein. Frau Derfling hatte genau aufgeschlüsselt, wie viele Aufträge sie brauchten, damit sie von der neuen Firma würden leben können. Es schien machbar. »Es war alles wunderbar berechnet«, sagt Doris Derfling und macht dann eine der bedeutungsvollen Pausen, mit denen sie gern eine Pointe ankündigt. »Auf dem Papier.«

Der Plan auf dem Papier und die Wirklichkeit begannen auseinanderzudriften, als das Tarifsystem in der Transportbranche neu geregelt wurde. Danach wurde der Wettbewerb härter, die Preise sanken. Dann blieben Kunden das Geld schuldig. Den ersten verklagten sie noch. »Wir haben auch gewonnen«, sagt Frau Derfling. Pause. »An Erfahrung.«

Den Prozess gewannen sie auch, das Geld, 80 000 Mark, sahen sie trotzdem nicht wieder. Die andere Firma hatte Konkurs angemeldet. Von nun an klappte eigentlich nichts mehr wie vorgesehen: Die Derflings arbeiteten beide 60 Stunden pro Woche und verdienten dennoch viel weniger als ihre Fahrer. Ihre Mütter gaben, was sie entbehren konnten, die zwei Söhne arbeiteten mit, Herr Derfling kündigte seine private Altersvorsorge, doch die Schulden wuchsen trotzdem – und mit ihnen die Angst: vor der nächsten Rechnung im Briefkasten, dem nächsten Kunden, der nicht zahlen würde, der nächsten Nacht, in der sie wieder kein Auge zu tun würden.

»Wir waren zu gutgläubig. Wir haben die Märchen geglaubt, die man uns erzählte, und wir haben auch geglaubt, dass ein Handschlag etwas gilt«, sagt Doris Derfling und in dem Satz steckt weniger Verbitterung über die unerwarteten Härten, die das neue System bereithielt, als Verwunderung über das Leben, das einen in einem Land groß werden lassen und dann in ein völlig anderes werfen kann – eines, in dem man sich, als Mensch von 40 Jahren, plötzlich unzureichend fühlt.

Ihr Leben lang hatte Doris Derfling sich gewünscht, dass ihre Welt größer wird, hatte schon als Mädchen nicht einsehen wollen, warum sie weder nach Köln noch nach Kanada reisen durfte. Sie hatte doch Verwandte dort. Sie drängte ihren Vater nach einer Erklärung, und der sagte, sie solle losgehen und einen Besuch bei ihrem Großvater im Rheinland beantragen. Sie tat es, der Antrag wurde abgelehnt. Ihr Vater hatte sie mit der Wirklichkeit des Landes, in dem sie lebte, konfrontiert, die Antwort auf ihre Frage blieb aus. »Die hat meine Kinderseele nicht bekommen«, sagt Doris Derfling, mit dem wohldosierten Pathos, das sie zu einer ausgezeichneten Erzählerin macht. Kanada, das unerreichbare Land hinter dem großen Meer, wurde ihr Traum.

Sie hat sich später oft gefragt, wann das, was sie ihren Gerechtigkeitssinn und wachen Widerspruchsgeist nennt, der Bereitschaft wich, hinzunehmen, was sich offensichtlich nicht ändern ließ. Bald ließ der Alltag ohnehin nicht mehr viel Raum für Fragen, sie heiratete, bekam das erste Kind, stand im Morgengrauen auf, um trotzdem weiterzustudieren. Außenhandelsökonomie, ihr Wunschfach. »Außen! Handel! Das klang nach den fremden Ländern, die ich so gern sehen wollte.« In dem Betrieb, in dem sie anfing, wurde sie dann allerdings in der Buchhaltung eingesetzt, der Westverwandtschaft wegen. Bei ihrer nächsten Arbeitsstelle musste sie sich verpflichten, den Kontakt zu ihrer Familie im Westen ganz abzubrechen. Statt größer war ihr Leben durch die Arbeit noch enger geworden. Ihr Widerspruchsgeist erwachte, aber sie fügte sich. Die Arbeit war so angenehm nah bei der Wohnung in Pankow, und es gab ein Leben danach: die Familie, das Wochenendgrundstück im Süden Berlins, die Camping-Urlaube und ihr Hobby, die Fotografie. Fast nie verlässt Doris Derfling ohne Kamera das Haus, sie richtet sie bevorzugt auf Landschaften und Pflanzen, aber auch das Familienleben hat sie in Tausenden Bildern dokumentiert. Sie sagt, dass der Fotoapparat sie aufmerksamer durch die Welt gehen lässt.

1988 reiste ihr Mann nach West-Berlin, Familienmitglieder besuchen. Bei der Arbeit gab man ihr zu verstehen, dass er das besser lassen sollte. Da kündigte Doris Derfling.

Wenig später trat sie selbst in West-Berlin aus der U-Bahn, den Besuch bei den Verwandten hatte sie gleich nach der Kündigung beantragt. Zum ersten Mal ließ sie ihre Kamera in der Tasche. Zunächst musste ihr Kopf die Eindrücke verarbeiten. Doris Derfling, die kein geringes dramatisches Talent hat, schraubt ihre Stimme nach oben: »Da brodelte mir das bunte Leben entgegen! Es gab bunte Blumen auf der Straße! Die ganzen Früchte! Damit musste man erstmal klarkommen, dass es alles gab, was man sich vorgestellt hatte, und auch das, was man sich gar nicht vorstellen konnte.«

Die fremden Länder blieben vorerst ein Wunsch, auch nach der Wende, die dann bald kam. Einmal stiegen die Derflings mit ihren Söhnen ins Auto und fuhren nach Tirol, um wenigstens die Alpen endlich zu sehen. Doris Derfling zeigt auf ein gerahmtes Foto vor ihrem Computer. Vier lachende Gesichter, dahinter Bergpanorama, davor eine Blumenwiese. Das sei ihr liebstes Bild, sagt sie. Für einen Moment war sie frei und die Firma, die da schon zum Albtraum geworden war, weit weg.

Bald nach der kleinen Reise erfuhr Doris Derfling, dass

sie Krebs hatte. Sie ist sicher, dass die Sorgen sie krank gemacht haben. Im Rückblick sieht es aus, als sei die Krank-
heit, so merkwürdig das klingt, ihre Rettung gewesen. Sie
lag im Krankenhaus, schwach von der Operation, ermattet
von Medikamenten, und in den wachen Momenten zwischen den langen Schlafphasen spürte sie, dass sich etwas
veränderte. Die Gedanken brachen nicht mehr ungeordnet
auf sie ein, sie konnte sie lenken. Eine Sache zu Ende denken. Dann die nächste. In ihrem Kopf kehrte Ordnung ein,
zum ersten Mal seit langer Zeit. Als sie aus dem Krankenhaus kam, ging sie zu ihrem Schreibtisch und ordnete die
Briefe und Unterlagen, die sich dort gestapelt hatten. Jedes
Blatt kam in eine farbige Plastikhülle, rot hieß »sehr wichtig«, grün »sollte nicht vergessen werden«, gelb »drängt
nicht, aber muss im Auge behalten werden«. »So wie hier«,
sagt Doris Derfling und zeigt auf den Stapel bunter Folien
in der Ablage vor ihr. Das System hat sie beibehalten.

Die Derflings waren noch weit entfernt von einem Leben, das nicht von Sorge bestimmt wurde. Aber Doris Derfling hatte wieder die Kraft weiterzumachen. Sie suchte sich
Arbeit, von der die Familie leben konnte, ihr Mann führte
das Unternehmen zunächst mit einem Lastwagen weiter,
die anderen verkauften sie. Als es auch dem Ehemann ge-
sundheitlich immer schlechter ging, wurden sie auch den
letzten Lkw los. Für den Restkredit von 80 000 Mark ver-
einbarten sie eine Ratenzahlung über 17 Jahre. Sie hätten
auch die Privatinsolvenz wählen können, so wären sie nach
sechs Jahren schuldenfrei gewesen. Aber dann hätten sie
ihren Bungalow mit dem kleinen Garten drumherum auf-
geben müssen. Den einzigen Ort, an dem sie in den letzten
Jahren noch so etwas wie Ruhe gefunden hatten.

Als sie das Gewerbe abmeldeten, den Traum vom eigenen

Unternehmen endgültig begruben, hatte Doris Derfling schon begonnen, bei einem Pilotprojekt zu arbeiten, von dem sie erfahren hatte: einer Beratungsstelle für gescheiterte Existenzgründer im Osten Berlins. Seit zwölf Jahren leitet sie nun die Julateg Finsolv Marzahn/Hellersdorf e. V., eine der größten Schuldner- und Verbraucherinsolvenzberatungen der Stadt. Zwölf Kollegen sind sie in dem großen Büro, umgeben von Wohnblocks, in denen Menschen leben, von denen die meisten ein Leben ohne Geldsorgen nie kennengelernt haben. Die Verschuldungsquote hier ist eine der höchsten Berlins und die, die am schnellsten steigt. Sie liegt jetzt bei etwa 16 Prozent, nur die Bewohner in Wedding und in Neukölln machen mehr Schulden.

Viele der Menschen, die an der unscheinbaren Tür der Schuldnerberatung klingeln, haben mehr eingekauft, als sie sich leisten konnten, haben im Internet mit einem Klick Dinge bestellt, auf die sie hätten verzichten sollen oder haben sich in einem Kaufhaus von niedrigen Ratenzahlungen locken lassen. Doris Derfling kann sich darüber empören, wie aggressiv und allgegenwärtig Werbung zum Konsum auffordert. Es kommen auch Menschen zu ihr, die wie sie viel Energie in ein Projekt gesteckt haben und doch gescheitert sind. Paare, die gemeinsam einen Kredit aufgenommen, sich getrennt haben und nun nicht wissen, was sie tun sollen.

Etwas habe sich geändert in den vergangenen Jahren, sagt Doris Derfling und sucht nach einem Begriff, der nicht herablassend klingt, schließlich sagt sie: »Die Menschen, die kommen, sind immer einfacher strukturiert.« Es liegt am Internet, glaubt sie. Wer kann, holt sich dort die nötigen Informationen darüber, was zu tun ist, wenn Schulden unbeherrschbar zu werden drohen. Nur wer sich anders nicht zu helfen weiß, landet in der Beratungsstelle. Während des ersten Gesprächs reicht Doris Derfling jedem Besucher ein Formular, in das man die monatlichen Einnahmen und Ausgaben eintragen kann. Am Ende sieht man schwarz auf weiß, ob man über seine Verhältnisse lebt. Die meisten, sagt Doris Derfling, haben das noch nie gemacht.

Später wird es dann konkreter: Wie geht man mit dem Finanzamt um, wie mit der Bank? Was macht man mit Mahnbescheiden, Vollstreckungsbescheiden? Was kann man überhaupt tun, um eines Tages ein Leben ohne Schulden zu führen? Doris Derfling macht vor, wie die Menschen in ihr Büro kommen, ohne Hoffnung, sie lässt die Schultern nach vorn kippen, krampft die Hände vor dem Herzen zusammen. Wenn sie dann alles erklärt, die Möglichkeiten aufzeigt, den Unterschied beschreibt zwischen dem Abzahlen der Schuld und einer Privatinsolvenz, kann sie oft dabei zusehen, wie ihr Gegenüber sich aufrichtet, gelöster wird. Sie weiß dann, dass sie ihre Arbeit gut gemacht hat. Weil der Mensch, der vor ihr sitzt, nicht mehr nur den schwarzen Tunnel sieht. Sondern auch das Licht an seinem Ende.

Es klopft an der Tür, eine junge Frau kommt herein, Doris Derflings letzte Klientin für diesen Tag. Seit zwei Jahren bearbeitet sie den Fall, das heutige Treffen hat einen erfreulichen Grund, denn die beiden Wohnungen der Frau wurden bei einer Zwangsversteigerung verkauft. Jetzt ist der Weg frei für den Insolvenzantrag. Die Mieteinnahmen aus den Wohnungen sollten eine Alterssicherung sein für die Frau und ihren Mann, dann aber trennten sie sich, der Mann verschwand, allein konnte seine Frau die Kreditraten nicht bezahlen. Manchmal tat sie es doch, obwohl nicht mehr genug Geld zum Leben blieb für sie und ihre Tochter. »Sie haben den Druck nicht mehr ausgehalten«, sagt

Doris Derfling mit sanftem Vorwurf in der Stimme. »Aber die Existenzsicherung geht vor.« Ob der Ex-Ehemann auch die Insolvenz beantragt habe, will sie wissen. »Da müsste er sich ja erstmal eingestehen, dass er Hilfe braucht. Es ist doch einfacher, die Briefe ungeöffnet wegzuschmeißen«, sagt die junge Frau, an der alles weich wirkt, das Haar, die Haut, die Stimme. Stimmt, da seien die Männer schwieriger, meint Doris Derfling, und denkt wahrscheinlich daran, wie schwer es ihrem Mann fiel, einzusehen, dass es einfach nicht geklappt hat mit ihrer Idee. Laut sagt sie: »Frauen sind flexibler, die haben auch einen Plan B. Männer haben oft nur einen Plan A, und den wollen sie durchziehen.« Die junge Frau muss lachen.

Als sie aufsteht, sieht sie kurz zu dem Bild mit der Holzbank unter den Bäumen. Ihr Blick muss es oft gestreift haben bei ihren Besuchen, und vielleicht hat es ihr, unbewusst, wirklich ein wenig Ruhe gegeben.

Das Foto hat Doris Derfling gemacht. In Kanada. Vor ein paar Jahren ist sie dort gewesen.

Ohne Punkt und Komma

Jürgen Kuttner war zur richtigen Zeit am
richtigen Ort der richtige Mann.
Und er kann reden. So ist er zu einer Kultur-Marke
in Berlin geworden.

Von Marcus Weingärtner

Ein Eis wäre jetzt eine gute Idee, sagt Jürgen Kuttner beim
Treffen im Deutschen Theater. Es ist später Nachmittag,
die Proben sind beendet, Kuttner ist müde. Gestern stand
er in München auf der Bühne, heute Morgen ging es mit
dem Flieger zurück nach Berlin, direkt ans DT. Die Eisdiele
liegt fußläufig. Auf der Straße Feierabendverkehr, Männer
in Anzügen, Frauen in Businesskostümen, ein paar Thea-
terleute und ein paar Touristen. Dazwischen der Kuttner,
wie man ihn in Berlin nennt. 56 Jahre alt, klein, drahtig,
Jeans, Turnschuhe, blaues Hemd. In der Brusttasche zwei
E-Zigaretten und einen Kugelschreiber.

Klar könne man beim Eis mit ihm über die Wende und
die Jahre danach reden. Er habe das zwar schon oft erzählt,
aber egal, schließlich sei das seine Geschichte, sagt er unge-
rührt. Vor sich nun einen Eisbecher, Vanille mit Himbeeren.

Kuttner ist der Moderator der »Videoschnipsel«, einer
Show in der Volksbühne am Rosa-Luxemburg-Platz, die er
gemeinsam mit seinem alten Freund André Meier, einem
Kunsthistoriker, macht. Scharfsinnig und komisch analy-
siert Jürgen Kuttner da über Stunden auf der Bühne aktu-
elles Weltgeschehen in den Medien, redet ohne Punkt und
Komma, läuft seinen eigenen Schlangensätzen hinterher,
bleibt dran, holt auf und verliert nie den Anschluss ans Ge-
dachte. »Da fällt einem dann was ein, und dazu fällt einem

wieder was ein und dann noch etwas, was ich vorher auch nicht wusste«, sagt er. Davon lebt der Abend, der regelmäßig stattfindet, seit 16 Jahren. Er endet immer mit einem Video von Joseph Beuys, diesem seltsamen Künstler aus einem anderen Deutschland. Beuys singt ein Friedenslied für die Grünen, was die surreale Show vortrefflich abrundet.

»Der Kuttner«, das ist eine Marke in Berlin. Eine vertraute Konstante in der kulturellen Landschaft Ost-Berlins, bekannt über den Äther seit der Wende auch im Westen. Bis 2007 war Jürgen Kuttner Radio-Moderator bei *Fritz,* sein »Sprechfunk« ist legendär, ein mehrstündiger Dialog mit wechselnden Gästen. Talk-Radio, wie es davor noch niemand gemacht hatte. Genialer Dilettantismus und ein berlinernder Moderator, das war neu, als Jürgen Kuttner Anfang der neunziger Jahre damit begann. Ein Akademiker mit Gassenjargon. Ein »Icke«-Berliner auf Sendung. Im Westen kannte man das nicht. »Das ist ein Ost-Berliner Phänomen, diese Form von Understatement, dass auch Intellektuelle und Studierte so reden wie die Arbeiter«, sagt Kuttner. »Im Westen, da ist die Zuordnung klarer, da berlinert man, wenn man Taxifahrer oder Müllkutscher ist. Wenn man etwas Besseres ist«, fährt er fort, jetzt die S-Laute messerscharf betonend, »dann spricht man Hochdeutsch. Ich hatte nie den Zwang, so zu reden, im Osten gab es diesen Blick von oben nach unten, diese Draufsicht auf die Unterschicht nicht, wie es jetzt eben in der Klassengesellschaft ist.«

Was bei anderen Menschen borniert klingen würde, klingt bei Kuttner wie eine Feststellung. Schulterzucken. Ist eben so. Das ist ein Teil seines Erfolges, diese Unangestrengte, etwas Schiefe und Entspannte. In einer Zeit, in der jeder im Rampenlicht die vermeintlich richtige Pose ein-

zunehmen weiß, kantenlos daherplappert und alle gleich aussehen wollen, da ist Jürgen Kuttner die Ausnahme. Seine Authentizität ist es, die anziehend wirkt. Man lacht gern mit ihm. Ein bisschen wie ein Ritterschlag wirkt das dann. Man ist echt wie der Kuttner.

Und er sieht gut aus, wenn er lacht, die weißen Zähne und der dunkle Teint. Viel Charme liegt in diesem Lachen. Wenn Jürgen Kuttner charmant ist, dann kann man sie verstehen, die Frauen, die in der Volksbühne bei den »Videoschnipseln« immer ein bisschen länger, immer ein wenig höher lachen als die anderen Zuschauer. Er ist ein Charmeur, dieser Kuttner. Ja, natürlich sei es toll, dass sein Name regelmäßig an der Front der Volksbühne prange. »Ost« steht auf dem Dach, »Kuttner« dann in riesigen Buchstaben darunter, mehr nicht. Wie das Banner an einer Burg, weithin sichtbar. Nö, fotografiert habe er das noch nie, das würden immer andere tun, sagt er. Überhaupt sehe er das nicht, er komme ja immer von der Seite in die Volksbühne.

»Von der Seite kommen«, das könnte gut als Motto über Kuttners Laufbahn stehen. Irgendwie fügt sich immer alles, passt plötzlich, kommt ungeplant und wird zum Glücksfall. In Ost-Berlin geboren, studierte er Kulturwissenschaften und promovierte. »Ich wollte noch nicht arbeiten gehen und dachte, noch mal zwei Jahre an der Uni, das ist nicht schlecht. 1987 hab ich dann einen Job gesucht und im Verband Bildender Künstler der DDR angefangen. Zentralvorstand in der Abteilung Kunstwissenschaften. Das war auch so 'ne Form von versteckter Arbeitslosigkeit. Eigentlich hatte man nichts zu tun, der Vorteil war aber, dass man sich seine Arbeit selbst aussuchen konnte.« Einen seltsamen Verwaltungsjob nennt Kuttner diese Tätigkeit, die einerseits den Zweck hatte, die Interessen der Künstler serei. Inzwischen sind insgesamt zehn Bücher von ihm in unserem Verlag erschienen, in denen er erfolgreich als Parlamentär zwischen Ost und West agiert.

Liane v. Billerbeck, über einige Jahre für die *Berliner Zeitung*, dann für die *Zeit,* den *ORB/RBB* sowie das *Deutschlandradio* tätig, präsentierte zum zehnten Jahrestag der Friedlichen Revolution ihren Band »Generation Ost – Jugendliche nach der Wende«, in dem sie zwölf Selbstaussagen von Menschen zusammenstellte, die im Herbst 89 gerade ihre Jugendweihe erhielten, mit der sie auf die DDR eingeschworen werden sollten, und dann eine Ausbildung und die Zeit des Erwachsenwerdens im vereinten Deutschland erlebten. Sie berichten von ihrem kritischen Blick, der aus den Erfahrungen der Umbruchzeit zurückgeblieben ist, von der Umorientierung und dem Finden neuer Werte. Gut zehn Jahre später formierte sich aus diesem Milieu heraus die Bewegung »Dritte Generation Ost«, deren Selbstfindungsbuch »Wer wir sind, was wir wollen« 2012 bei uns erschien und in kurzer Zeit drei Auflagen erlebte.

Was lag also näher, als die Idee von Johannes Unger vom *RBB-Fernsehen* aufzugreifen und zusammen mit der Produktionsfirma *credo:film* sowie der *Berliner Zeitung* ein Großprojekt zum 25. Jahrestag des Mauerfalls in Angriff zu nehmen, mit dem 25 exemplarische Lebenswege von Ostdeutschen aus den letzten zweieinhalb Jahrzehnten nachgezeichnet werden. Dass es dem Leiter der Abteilung Dokumentation und Zeitgeschehen beim *RBB* nicht um reißerische Storys, sondern um einen genauen Blick ging, war uns sofort bewusst. Wir kannten uns aus langjähriger Zusammenarbeit, wussten, dass weniger »Aufsteiger« und »Absteiger« gefragt waren, als die vielfältigen Formen der Selbstbehauptung dazwischen. Das hatten wir bei den

163 Teilen der »Chronik der Wende« erprobt, und der differenzierte Blick war uns dann bei den folgenden Kooperationen über die Sowjetischen Truppen in der DDR (»Roter Stern über Deutschland«) und die »Geheimnisvollen Orte« in Ostdeutschland auch eine gemeinsame Basis.

Die derart über Jahrzehnte entstandene vertrauensvolle Zusammenarbeit mit *RBB* und *Berliner Zeitung,* zu der jetzt noch die engagierte und unkomplizierte Produktionsfirma credo:film stieß, war die Grundlage für das trimediale Projekt, das aus Zeitungsserie, 25 Fernsehfilmen und dem vorliegendem Buch besteht. Wir vier beteiligten Partner haben das Projekt gegen alle Bedenken der verschiedenen Hausjuristen, die Sorgen um die Rechteabgrenzungen hatten, per Handschlag besiegelt und erfolgreich gemeinsam zu Ende geführt – ohne jeden Streit und die sonst üblichen Konkurrenzen. Beteiligt waren Kollegen aus Ost wie West, die gemeinsam eines wollen: einen klischeefreien Blick und die Bereitschaft zur Akzeptanz von ehrlich gelebtem Leben.

Markus Decker
Zweite Heimat
Westdeutsche im Osten

240 Seiten
22 Abbildungen
Broschur
ISBN 978-3-86153-798-4
16,90 € (D); 17,40 € (A)

Knapp zweieinhalb Millionen Frauen und Männer sind seit der Wiedervereinigung in den »wilden Osten« gegangen: aus beruflichen Gründen, der Liebe wegen oder aus purer Abenteuerlust. So wie Rainald Grebe, Kabarettist aus dem Rheinland, dem der Westen zu spießig war, wie Gertraud Huber aus Niederbayern, die in der Uckermark den beliebten »Huberhof« betreibt, oder wie Dirk Grotkopp, der als Landarzt in Mecklenburg gebraucht wird. Der Weg in die zweite Heimat ist lang, mitunter steinig und voller Überraschungen. Von der Faszination des Fremden, dem Anderssein und der Sehnsucht anzukommen, davon handeln diese lebensprallen, einfühlsam erzählten Porträts. Sie bieten einen neuen Blick auf die gesamtdeutsche Geschichte – 25 Jahre nach dem Mauerfall.

www.christoph-links-verlag.de

Ch.Links

wahrzunehmen, andererseits als eine Art Disziplinierungsinstrument gedacht war.

Immerhin lässt ihm der Job den Freiraum, sich mit der »nicht offiziellen Kunst« der DDR zu beschäftigen, kleine Galerien zu besuchen, Performances zu organisieren. Knapp anderthalb Jahre macht er das, dann fällt die Mauer. Jürgen Kuttner ist dreißig. Die richtige Zeit, das richtige Alter. »Ein Schock war das. Man hat ja nicht gespürt, dass etwas Neues anfängt, sondern nur, dass etwas Altes zu Ende geht. Was kommt, wusste doch keiner. Man hatte Schiss, war übermütig und gleichzeitig ratlos. Demonstrationen auf dem Alex, Remmidemmi und Wasserwerfer. So etwas waren wir nicht gewohnt, sonst wurde ja alles immer im Vorfeld schon geklärt«, sagt Jürgen Kuttner und kratzt mit dem Löffel durch den Becher. »Einen Monat später fiel die Mauer, das war Geschichte im Schnelldurchlauf – was gestern galt, galt am Morgen nicht. Komische Zeit.«

Für Jürgen Kuttner war schnell klar, dass der Verband der Bildenden Künstler gemeinsam mit der DDR am Ende angelangt war. Sein Freund André Meier, der, mit dem er immer noch gemeinsam die »Videoschnipsel« konzipiert, wurde von einem Kollegen gefragt, ob er sich nicht vorstellen könne, eine Zeitung zu machen. Die *taz* plane eine Ost-Ausgabe. »Na ja«, erzählt Kuttner, »wir sind dann eben mit unseren Ideen in die Kochstraße gewackelt, der Meier und ich. Da saßen dann 40 Leute an diesem Tisch der Kommune 1, der damals noch der *taz* gehörte, und wir haben unser Konzept für die Ost-Ausgabe eben vorgetragen. Das war eine Riesenrunde, zugehört hat irgendwie keiner, dann sind wir eben wieder abgehauen. Irgendeinen Eindruck müssen wir aber doch hinterlassen haben, denn vier Wochen später meldeten die sich bei Meier und mir und fragten uns, ob wir das nicht machen wollten. Ja, super, dann ging es eben darum, so schnell wie möglich eine Ost-Ausgabe der *taz* herauszubringen mit einer möglichst großen redaktionellen Autonomie. Sechs Wochen später, am 26. Februar 1990, haben wir dann mit der Unterstützung der West-*taz* in der DDR die erste Ost-Ausgabe herausgebracht.«

Jürgen Kuttner führt seine Beteiligung an diesem Projekt auf die Tatsache zurück, dass er »irgendwie als genialer Manager« galt, seit er Mitte der Achtziger die »Bolschewistische Kurkapelle« mitbegründet und gemanagt hatte. »Da haben wir dann halt irgendwelche Räume für die Ost-*taz* gesucht, Telefonanschlüsse besorgt, Leute gecastet und irgendwie losgelegt. In sechs Wochen wurde eine GmbH gegründet.« Dieses »irgendwie Loslegen«, dieses angstfreie Angehen von Aufgaben ist es, das Kuttner seine Radio- und später auch seine Bühnenkarriere ermöglicht. Zur richtigen Zeit am richtigen Ort der richtige Mann sein. »Karriere ist so ein komischer, sich bewähren müssender Zielbegriff«, sagt Jürgen Kuttner verächtlich und blickt auf seine Hände. »Da gab es auch schnell Differenzen, da lief dann zwischen West-*taz* und Ost-*taz* dasselbe Programm ab wie zwischen Westdeutschland und Ostdeutschland.«

Welches Programm war das? »Die Westler wissen, wie es geht und geben die Linie vor«, antwortet Kuttner und verbucht das als einen Lernprozess. Das sei eben damals so gewesen, sagt er. Nach anderthalb Jahren geht er. Schulterzucken. Wie er zum Zeitungsmachen kommt, so kommt Jürgen Kuttner kurz darauf auch zum Radio – ohne Anstrengung, ohne Masterplan. Einer zufälligen Kneipenreportage mit dem Ü-Wagen in Prenzlauer Berg für den Jugendsender *DT 64* verdankt er seine ersten Stunden beim Radio: Ein Kollege fällt wegen Liebeskummer aus, Kuttner ist da und macht. Und bleibt. »Vier Wochen nach der Kneipenreportage wurde klar, dass *DT 64* zu Ende geht. Das klassische Ländermodell wurde auch im Osten eingeführt und der *Ostdeutsche Rundfunk Brandenburg* gegründet. Da wurde dann überlegt, einen eigenen Jugendsender draufzusetzen, aber eigentlich ging es nur darum, die starke Frequenz 102,6 warmzuhalten und keinen anderen ranzulassen«, erzählt Jürgen Kuttner. »Die suchten eben jemand mit ein bisschen Wortkompetenz. Am zweiten Weihnachtsfeiertag hing so ein Zettel von meinem Freund Ronny Galenza an meiner Tür, ob ich nicht Lust hätte, Radio zu machen. Zwischen den Jahren hab ich dann ein Konzept ausgearbeitet, für den neuen Sender, der *Rockradio B* hieß und ab dem 1. Januar auf Sendung gehen sollte. Kuttner, mach du das doch selbst, hieß es auf einmal, und dann saß ich eben 15 Jahre hinterm Mikro.«

Jürgen Kuttners »Sprechfunk« schreibt Radiogeschichte. Redegewandtheit, scharfer Intellekt und seine bodenständige Schnoddrigkeit sind es, die die Sendung zum Dauerbrenner werden lassen. Bis 2007 bleibt er beim Radio, das inzwischen *Fritz* heißt. »Ich hab da meines gemacht und das war's«, erzählt er beim zweiten kleinen Eisbecher. »Die Reaktionen auf meine Sendungen waren immer gespalten. Die einen fanden es faszinierend, die anderen Horror, weil es eben die normalen Radioerwartungen gewissermaßen unterlaufen hat. Das Radio ist ja so durchformatiert, da wollte ich gegen angehen. Die ersten Jahre hat das doch von oben auch keine Sau interessiert. Das waren eben diese Jahre, in denen man so etwas wie den ›Sprechfunk‹ machen konnte.«

Selbst als Kuttner 1995 mit der eigenen Stasi-Vergangenheit an die Öffentlichkeit geht, ist das kaum ein Bruch in seiner Vita. »Ich hab' ja selbst gesagt, dass ich mit der Stasi gesprochen habe. Das war für mich der letzte Zeitpunkt, selbst an die Öffentlichkeit zu gehen. Diese Diskussionen um die Stasi waren in der Summe ja auch so ermüdend.« Und der Kontakt zur Stasi selbst? »Die haben mich bei der Armee mal angesprochen, das war noch die sogenannte Abteilung 2000, und später dann ein paar Mal in fünf, sechs Jahren eben im Rahmen der Stasi. Ich hab auch mit denen nicht über Leute oder Familie gesprochen. Die wollten eher meine Einstellung zu Politik checken. Mich Unter den Linden ins Café zu setzen und West-Touristen anzubaggern, das war für mich unvorstellbar. Und das habe ich denen auch gesagt.« 300 Briefe erreichen nach Kuttners Erklärung den Sender, der Moderator beantwortet sie alle selbst. »Ich hab Rede und Antwort gestanden, im Radio, bei der taz und in der Volksbühne. Ich dachte, ich bin das den Leuten schuldig, und das war es dann.« Nach ein paar Monaten geht Kuttner wieder auf Sendung. Das Verhältnis zum Radiosender *Fritz* endet erst 2007. Kuttner wird gekündigt, der neue Chefredakteur hat andere Vorstellungen vom Radio, Kuttner die seinen.

Ein wenig Bitterkeit schwebt nun doch über dem Eisbecher. Sicher habe ihn die Kündigung getroffen, aber all die Jahre, das sei auch eine lange Zeit gewesen. Er lehnt sich zurück, schiebt den leeren Becher von sich, dann ist sie wieder verflogen, die kleine Bitterkeit. Jürgen Kuttner ist mit sich im Reinen. Er kann mit 56 zufrieden auf seine Karriere zurückschauen. »Ich war 30, gut ausgebildet und eben noch nicht so in den Strukturen verhaftet, wie es jemand mit 50 gewesen wäre«, sagt er. »Ich hatte auf einmal die Chance, etwas zu machen, das zuvor weder im Osten noch im Westen möglich gewesen wäre. Radio, ›Sprechfunk‹ mit einem Konzept, das auf einen Schmierzettel gepasst hätte. So etwas gab es bis dahin nicht. Der Mauerfall war für mich ein Glücksfall, da bin ich ›Kriegsgewinnler‹. Genau zu dieser Zeit ging das alles. Ich war da und hab's gemacht«, sagt Jürgen Kuttner und lacht. »Das soll mir mal einer nachmachen.« Und wie er es sagt, klingt es nicht einmal angeberisch.

Die Nacht seines Lebens

Harald Jäger ließ am 9. November 1989 den
Grenzübergang Bornholmer Straße öffnen.
Es habe sich gelohnt, sagt er.
Die neue Freiheit hat er genutzt.

Von Susanne Lenz

Hätte Harald Jäger nicht Hunde so gern und die Natur,
wäre die deutsche Geschichte vielleicht anders verlaufen.
Dann hätte Harald Jäger sich nicht schon als Junge für die
Hundeführerschule der Grenzpolizei in seiner Heimat-
stadt Bautzen begeistert, dann hätte er sich 1961 nicht zur
Grenzpolizei gemeldet, sondern wäre Ofensetzer geblieben. Doch es kommt anders, er wird Mitarbeiter der »be-
waffneten Organe« und ist froh, als die Mauer gebaut wird,
weil die Schmuggelei nach Westen jetzt ein Ende hat. Am
9. November 1989 ist Stasi-Oberstleutnant Harald Jäger
der diensthabende Leiter des Grenzübergangs Bornholmer Straße in Berlin. Dort gibt er irgendwann nach elf Uhr
nachts einem Kollegen den Befehl, die Grenzkontrollen
einzustellen und die massenhaft herandrängenden Menschen einfach passieren zu lassen. Er ist der Mann, der die
Mauer aufgemacht hat.

Harald Jäger sitzt in seinem Wohnzimmer auf einem
wuchtigen Sofa. Er hat Kaffee gemacht, in einer Thermos-
kanne auf dem Esstisch steht er, daneben zart geblümte
Tassen. Harald Jäger ist Jahrgang 1943, Rentner, er trägt ein
leuchtend blaues T-Shirt, Jeans, kurzes graues Haar, eine
Brille mit Metallfassung. Seit ein paar Jahren wohnt er in
dem Städtchen Werneuchen, nordöstlich von Berlin, in einem Mehrfamilienhaus aus den sechziger Jahren. Wegen

des Gartens, den sie hier haben, sind seine Frau und er hierhergezogen. Von Berlin-Hellersdorf, wo sie früher gewohnt haben, war die Fahrt so weit.

Die Nacht, um die es in dieser Geschichte geht, liegt 25 Jahre zurück. Nach so langer Zeit fällt es einem oft nicht leicht, sich genau zu erinnern. Bei dieser Nacht ist es anders, das geht vielen Menschen so.

Für Harald Jäger ist es die Nacht seines Lebens. Aber das weiß er nicht, als er am frühen Abend Hunger bekommt. Er geht in die Kantine. Dort sitzt er allein am Tisch, deshalb sieht er die Nachrichten im Fernsehen, und hört, was Günter Schabowski zum neuen Reisegesetz der DDR sagt. Er hört die Worte »sofort und unverzüglich«. Sie beziehen sich auf den Zeitpunkt, zu dem das neue Gesetz in Kraft treten soll. Harald Jäger hatte sich einen Kaffee und zwei Brötchen geholt. »Die müssen heute noch irgendwo rumliegen«, sagt er und lächelt verschmitzt. »Mir ist der Bissen im Hals steckengeblieben.« Beim Hinausgehen sagt er zu den Kollegen: »Was redet der denn da für einen geistigen Dünnschiss.« Harald Jäger hat offenbar nicht vor, Schabowskis Worte ernst zu nehmen. Aber dann ruft er doch seinen Vorgesetzten an, Oberst Ziegenhorn, den stellvertretenden Leiter der Hauptabteilung VI des Ministeriums für Staatssicherheit. Denn dieser ist die Passkontrolleinheit, der Harald Jäger angehört, unterstellt.

Wenn Harald Jäger von den Telefongesprächen erzählt, die er in dieser Nacht mit Ziegenhorn geführt hat, dann tut er das in Dialogform. »Wegen diesem Unsinn rufst du an«, habe Ziegenhorn gesagt. – Und er: »Was ist da dran?« – »Nüscht. Sind schon welche da?« – »Nö.« – »Wenn welche kommen, schick' sie wieder nach Hause.«

Zwanzig Minuten später kommen sie. »Sie standen hinten, sie beobachteten«, sagt Harald Jäger. Für kurze Zeit halten sie sich noch an das Schild mit der Aufschrift Grenzgebiet. Sie dürfen es nur mit Grenzübertrittsdokumenten betreten, also einem Reisepass mit einem Visum. Dann kommen die ersten nach vorn an den Schlagbaum. »Schabowski hat doch gesagt, wir dürften sofort ausreisen. Ihr sagt doch immer, was die Partei sagt, ist richtig.« An solche Sätze kann Harald Jäger sich erinnern. Er ruft Ziegenhorn an. Der sagt: »Schick sie weg.« Draußen werden es immer mehr, mit jeder Straßenbahn.

Ein Funkstreifenwagen fährt vor. Ein Volkspolizist ruft durchs Megafon, man könne die Reisedokumente bei der Volkspolizei beantragen, jetzt sofort. »Das nächste Revier war am Arnimplatz«, sagt Harald Jäger. »Aber das war ja schon zu um diese Zeit, und deshalb waren die auch nach 20 Minuten wieder da.« Und sauer seien sie gewesen. »Ihr wollt uns veralbern.« Dann sind alle drei Spuren der Bornholmer Straße blockiert, bis zur Schönhauser Allee stehen die Autos, die Menschen, die Straßenbahnen fahren nicht mehr, sie können vorn am Übergang nicht mehr wenden. Harald Jäger weiß, warum ausgerechnet hier so viele Menschen sind. Prenzlauer Berg ist die Hochburg der Bürgerrechtler und Umweltaktivisten, Menschen, die im Stasi-Jargon als feindlich-negative Kräfte bezeichnet werden.

Harald Jäger ruft Ziegenhorn an. »Wir brauchen eine Lösung, wir müssen was tun«, sagt er zu ihm. »Jäger, du weißt, was du zu tun hast.« – »Die lassen sich nicht zurückschicken.« Ziegenhorn legt auf.

Draußen wird es immer schlimmer. Sie müssen den spanischen Botschafter abweisen, weil alles blockiert ist. Harald Jäger ruft Ziegenhorn an. Der lässt sich diesmal weiter nach oben verbinden, zu Generalmajor Gerhard Niebling, der die Zentrale Koordinierungsgruppe des MfS leitet, die für die Bekämpfung von Übersiedlung, Flucht und Fluchthilfe zuständig ist, oder zu Generalleutnant Neiber, den Stellvertreter von Minister Mielke. Harald Jäger soll bei dem Gespräch mithören. »Aber halt die Klappe.« So hört Harald Jäger, wie der General Ziegenhorn fragt: »Ist Jäger überhaupt in der Lage, das einzuschätzen?« Da schaltet Jäger sich dazu. Er hält einfach den Telefonhörer aus dem Fenster. Die Verbindung bricht ab.

Vielleicht ist das der Zeitpunkt, in dem sich bei Jäger etwas in Bewegung setzt, und sei es nur, weil er so wütend ist, dass man es heute noch spürt. »Ich habe 28 Jahre lang meine Arbeit an der Grenze gemacht, und die halten mich für zu blöd«, sagt er.

Kurz darauf meldet sich Ziegenhorn: »Wir lassen alle raus, die provokatorisch in Erscheinung treten.« Die Ventillösung. Den Passkontrollstempel sollen sie zur Hälfte auf das Bild im Personalausweis drücken. »Die lasst ihr nicht wieder einreisen.« Endlich gibt es etwas zu tun. Harald Jäger trommelt seine Leute zusammen und weist sie ein. Zwei-, dreihundert Leute lassen sie über die Grenze in den Westen.

Doch statt den Druck zu lockern, bewirkt das Verfahren das Gegenteil. Die Forderungen werden lauter. Harald Jäger ruft Ziegenhorn an. »Ich habe gefragt, ob wir nicht alle ausreisen lassen können. Der Druck war so groß.« Ziegenhorn: »Du hast eine Weisung gekriegt, mehr ist nicht.« Seine Mitarbeiter sagen: »Harald, du musst was tun.« Er habe gewusst, was sie wollten. Aber gesagt habe es keiner. »Das wäre Hochverrat gewesen.«

Nun kommen die ersten zurück, deren Lichtbild sie gestempelt haben. »Bleibt mal drüben«, sagen Harald Jägers

Leute ihnen. Ein Ehepaar lässt sich nicht abweisen. Harald Jäger wird geholt. »Sie müssen uns zurücklassen«, sagt die Frau. »Zuhause liegen unserer Kinder und schlafen.« Niemand habe ihnen gesagt, sie könnten nicht zurück. »Da wurde mir der ganze Irrsinn dessen klar, was wir getan hatten«, sagt Harald Jäger. »Wir hatten gegen bestehende Gesetze verstoßen, indem wir die Leute auf diese Weise ausgebürgert haben. Ich hätte den Befehl gar nicht befolgen sollen.«

Es ist jetzt gegen halb elf Uhr abends. Harald Jäger gerät in eine Art Rausch. Es ist, als ob die enthemmte Menschenmasse in ihm etwas löst. Das Ehepaar, der Botschafter, die Forderungen der Kollegen. Er sieht, wie der Metallzaun zwischen Fußgängern und Autofahrern sich biegt »wie sonst was«.

Er sagt: »Mach den Schlagbaum auf.« – »Was«, fragt der Zugführer. Das ist der letzte Moment, in dem Harald Jäger noch hätte umkehren können. »Ach, nichts«, hätte er sagen können. Stattdessen sagt er: »Du hast gehört, was ich gesagt habe. Schlagbaum auf und alle rauslassen.« Und der Zugführer tut es.

Harald Jähner ist ein bodenständiger Mann, Ofensetzer, Oberstleutnant. Aber wenn er seinen Zustand beschreibt, nachdem er diese Anweisung gegeben hat, klingt es, als erzähle er von einer Art Trip. »Man schwebt. Ohne Anziehung«, sagt er. »Man ist nur noch sich selbst überlassen und weiß nicht, was geschieht.« Irgendwann sei dann das Bewusstsein zurückgekehrt und mit ihm die Gefühle. Entsetzen, Enttäuschung, Angst, Freude, Erleichterung. Er geht zurück in das Dienstbüro, er muss Ziegenhorn anrufen. Wie er dorthin gekommen ist, daran kann er sich nicht erinnern. Er kann seine Beine kaum kontrollieren. Der 9. November ist ein kalter Tag, aber Harald Jäger erinnert sich dran, wie ihm der Schweiß den Rücken hinabläuft.

Er hätte in sein Dienstzimmer gehen können. »Aber ich wollte nicht allein sein.« So als könnten ihm die Kollegen allein durch ihre Anwesenheit etwas von der Verantwortung abnehmen. Die Kollegen in der Baracke, der Zugführer, der Lageoffizier und zwei Kollegen von der Passkontrolle müssen das auch so empfunden haben. Bis auf den Lageoffizier verlassen alle den Raum. Harald Jäger fühlt sich verlassen. Er ruft Ziegenhorn an. »Ich habe die Kontrollen eingestellt, wir konnten die GÜST (Grenzübergangsstelle) nicht mehr halten.« Und Ziegenhorn? Der bekommt keinen Wutanfall, spricht nicht von Befehlsverweigerung, er sagt: »Ist gut, mein Junge.«

»Er wird gemeint haben: Hast du endlich begriffen, was du machen musst«, sagt Harald Jäger. »Er hätte es nicht anordnen können.« Gesprochen haben die beiden nie über diese Nacht. So, als hätte es sie nie gegeben. Auch der Lagefilm und der Rapport des 9. November am Grenzübergang Bornholmer Straße sind verschwunden. Ein Jahr später stirbt Oberst Ziegenhorn an einem Herzinfarkt.

Draußen an der Grenze fließt der Strom in den Westen. Es wird Sekt getrunken, auch die Grenztruppen bekommen welchen angeboten. Ob sie akzeptiert haben? »Wir waren ja im Dienst«, sagt er. Es ist ein Satz, der ein helles Licht auf das Pflichtbewusstsein eines Harald Jäger wirft und seine Tat noch ein bisschen unwahrscheinlicher erscheinen lässt. Er ist im Dienst, auch wenn die Welt Kopf steht. Später steht er neben einem Kollegen. »Harald, das war's dann wohl«, habe der gesagt. Um acht Uhr morgens ist Harald Jägers Schicht zu Ende, er geht nach Hause. »Ich hab' heute Nacht die Grenze aufgemacht«, sagt er seiner

Frau. »Verklappsen kann ich mich alleine«, antwortet sie, dann ist sie weg. Um zehn hat er einen Arzttermin, später ruft er seine Schwester an. Er habe mit jemanden sprechen müssen, sagt er. Und abends tritt er wieder an zum Dienst an der Bornholmer.

Erst im Januar geht er selbst das erste Mal nach West-Berlin. Als Mitarbeiter des Ministeriums für Staatssicherheit darf er nicht früher. Über die Bornholmer Straße geht er in den Wedding, holt sich die 100 Mark Begrüßungsgeld. Es ist schon dunkel, er bleibt vor einem Döner-Imbiss stehen. Er traut sich nicht zu fragen, was das ist. Auf dem Rückweg sieht er bei einem Autohändler eine zweikolbige Luftpumpe fürs Auto. Zehn Mark kostet sie ihn. Den Rest des Geldes gibt er seiner Frau.

1990 wird das Ministerium für Staatssicherheit aufgelöst. Harald Jäger ist fast zwei Jahre arbeitslos. Dann arbeitet er in verschiedenen Zeitungskiosken, er verkauft Tiefkühlkost vom Wagen herunter, verdient höchstens 700 Mark im Monat. Später wird er Wachmann, arbeitet im Maßregelvollzug in Reinickendorf. Auch seine Frau verliert ihre Arbeit im Archiv der Bezirksleitung der SED, verdingt sich als Reinigungskraft.

»Ich könnte mich als Verlierer der Wende fühlen«, sagt Harald Jäger. Aber das tut er nicht. »Weil ich mich mit der Vergangenheit beschäftigt habe«, sagt er. Zu DDR-Zeiten habe man alles für richtig gehalten. Und die Ziele seien auch sehr gut gewesen. »Aber erreicht haben wir sie nicht.« Sie hätten die eigene Bevölkerung unterdrückt. »Wir haben ihnen die Denkfreiheit geraubt, die Bürgerrechte.«

Er hat die Freiheit genutzt. Seine erste Reise führte ihn nach Bornholm. »Eine schöne Insel«, sagt er. »Und die Dänen so freundlich.« Er war mit seiner Frau auch in Italien, Norwegen, der Schweiz. »Schon deshalb hat sich's gelohnt.«

Im Oktober 2014 kommt ein Film über ihn heraus. Charly Hübner spielt Harald Jäger, sie haben sich ein paar Mal getroffen. Bei einer Voraufführung in München hat ihn der Produzent nach vorn gerufen. Stehende Ovationen habe es gegeben. Ob er sich als Held fühlt? »Nö«, sagt er. »Die Helden waren die anderen. Ich stand ja auf der sicheren Seite.« Stolz vielleicht? Doch, ja. »Darauf, dass die Nacht ohne Blutvergießen ausgegangen ist und dass die Kollegen genauso gedacht und gehandelt haben wie ich.« Er setzt hinzu: »Man hätte es auch falsch machen können.«

Jetzt fährt er in seinen Garten; wenn es warm genug ist, sind seine Frau und er tagelang dort. Als er noch an der Grenze arbeitete, durfte er keinen haben. »Ich musste jederzeit erreichbar kein, und es gab noch keine Handys«, sagt er. Den Antrag auf den Garten hat er schon im Sommer 1989 gestellt. So als habe er geahnt, dass sich bald etwas ändern würde.

Anhang

Ein dokumentarisches Gemälde

Von Susann Schimk und Jörg Trentmann, credo:film

Im Jahr 2014 erinnert sich Deutschland daran, dass vor 25 Jahren, am 9. November 1989, durch den friedlichen Fall der Mauer, ein getrenntes Land zusammenwachsen konnte. Dieses entscheidende historische Ereignis war Anlass, in unserer außergewöhnlichen Bilanz 25 Lebenswege der Ostdeutschen in ein neues Land filmisch zu beleuchten.

Die DDR hat ihre Bewohner nachhaltig geprägt, das Thema wurde massentauglich verarbeitet, durchleuchtet und diskutiert, posthum gab es sogar einen Oscar. Aufarbeitung abgeschlossen. Doch die Augen der Menschen erzählen etwas anderes. Das Funkeln und das Strahlen, das Giftige und das Enttäuschte leuchten noch immer auf, wenn »Ostdeutsche« über die DDR-Prägung erzählen.

Der System-Kollaps, den manche Westdeutsche eher nebenbei erlebten, bedeutete für den ehemaligen DDR-Bürger Brüche, Enttäuschungen, eine komplette Neuorientierung, beruflich, oft auch privat. Oder aber die ganz große Chance, Reisen, Karriere, neues Glück.

Ein Vierteljahrhundert nach der Wiedervereinigung rückt das multimediale Projekt »Die Ostdeutschen« 25 Jahre Nicht-DDR in den Fokus der Erzählungen. Wer sind diese Menschen geworden und wer sind sie geblieben? Die DDR ist weg, die Erinnerung bleibt.

Die credo:film hat in der Vergangenheit eine fiktionale

Geschichte über die DDR im Ungarn der 1980er Jahre hergestellt. Die Story basiert auf einer wahren Geschichte. Es überraschte uns ungemein, wie kompliziert es ist, über die DDR und ihre Schicksale zu sprechen und diese glaubwürdig darzustellen. Rainer Baumert und der Regisseur und Grimme-Preisträger Lutz Pehnert entwickelten die Idee, einen dokumentarischen Blick auf die 25 Jahre Nicht-DDR in Ostdeutschland zu gestalten. Gemeinsam mit den Redakteuren Jens Stubenrauch und Rolf Bergmann und unter der Projektleitung von Johannes Unger und Rainer Baumert vom *rbb* wurde daraufhin ein neues dokumentarisches Format von 5 x 80 Minuten »Die Ostdeutschen – 25 Wege in ein neues Land« entworfen und konzipiert.

Unter der Leitung von Lutz Pehnert hat ein Regiekollektiv 25 emotionale, individuelle und beeindruckende Lebenslinien aus den vergangenen 25 Jahren aufgespürt und die unterschiedlichen Biografien und Haltungen zu einem dokumentarischen Gemälde zusammengefügt. In 25 Geschichten werden die Vielfalt und Bandbreite der Lebenslinien nach dem Fall der Mauer erlebbar. Geschichten von Alt und Jung, arm und reich und aus Stadt und Land wechseln sich ab und zeigen ein authentisches Bild von 25 Lebenswegen in einem neuen Land. Die Geschichten, die im vorliegenden Buch nicht erzählt werden und ausschließlich in der Dokumentarfilm-Serie vorkommen, sind: »Die Doppelkopfrunde«, »Das Land der zwei Schlauchboote« und über die Rapper von »Blutgruppe Zwölf20« in Eisenhüttenstadt.

Das Land der zwei Schlauchboote

Von Lutz Pehnert, Regisseur

Im Dezember letzten Jahres war ich mit meiner Familie in New York. Bei einem Imbissverkäufer am Prospect Park bestellte ich für meine Kinder zwei Coke. »Woher kommst du«, fragte mich der Imbissverkäufer. Aus dem Land der zwei Schlauchboote wollte ich sagen. Aber ich wusste nicht, was Schlauchboot auf Englisch heißt. Der Imbissverkäufer war ein freundlicher Mann, und ich dachte, der hat Zeit, ihm kannst du die Geschichte erzählen.

1986 kam der italienische Sänger Angelo Branduardi auf seiner Europatournee auch nach Ost-Berlin. Im Palast der Republik gab er drei Konzerte. Als Journalist begleitete ich seinen Ostbesuch für eine Reportage. Auf einer Sightsee-ing-Tour im Bandbus sprach mich Bruno De Filippi, einer von Branduardis Musikern, an. Er erzählte mir, dass er auf der Suche nach einem Schlauchboot sei. Nicht nach ei-nem für Kinder. Es sollte groß und stabil sein. Er sei bereits durch halb Europa getourt, aber nirgendwo habe er so ein Schlauchboot gefunden.

Da ist er hier genau richtig, dachte ich, in einem Land, in dem man eigentlich nur das bekommt, was es gerade gibt, aber nie das, was man sich gerade wünscht. Aber das sagte ich nicht. Und ich dachte, wenn es überhaupt so ein Schlauchboot in diesem Land zu kaufen gibt, dann auf der Berliner Karl-Marx-Allee, im »Haus für Sport und Freizeit«. Also gingen wir dorthin.

Die Verkäuferin zeigte uns ein großes aufgeblasenes Schlauchboot, das so grau war wie die DDR. Es kostete 220 Mark Ost. Begeistert zog Bruno De Filippi 220 Mark

West aus seinem Portmonee. Aber das war ein Problem. Die Verkäuferin durfte nur die landeseigene Währung annehmen. Ich hatte nicht so viel Bargeld dabei. Aber mir war klar, dass Bruno De Filippi dieses Land nicht ohne das Schlauchboot verlassen durfte. Ich stürmte nach Hause, um mein Scheckheft zu holen. Nach einer Stunde stand ich wieder vor der Verkäuferin und bezahlte. Erleichtert streckte mir Bruno De Filippi die 220 Mark West entgegen. Ich hatte nicht damit gerechnet, aber ich hatte gerade auch keine bessere Idee, als das Geld anzunehmen. 220 Mark West – das waren zum damaligen Schwarzmarktkurs über 1000 Mark Ost. Ich glaube, ich schämte mich ein wenig für dieses unverhoffte Geschäft, aber es war das Beste meines Lebens (Scheiß Geld).

Zur Band gehörte auch Jose »Papete« de Ribamar. Bruno De Filippi hatte ihm von seinem Kauferlebnis erzählt. Und »Papete« wollte nun auch so ein Schlauchboot haben. Ich dachte, Wunder gibt es immer wieder, aber nicht unbedingt an zwei Tagen hintereinander. Und erst recht nicht in diesem Land. Aber das sagte ich nicht. Also gingen wir in das Haus für Sport und Freizeit. Es gab noch ein Schlauchboot, es war das letzte ...

Drei Monate später rief Bruno De Filippi bei mir zu Hause an. Er erzählte, dass er bereits mit dem Schlauchboot auf dem Gardasee gepaddelt sei, dass er mit »Papete« ein Lied geschrieben und aufgenommen habe, über zwei canotti – zwei Schlauchboote, dass sie das Lied auf eine Kassette gespielt und in einem Päckchen an mich geschickt hätten. Bruno De Filippi wusste nicht, dass man keine »Tonträger« in die DDR schicken durfte. Das Lied kam nie in meinem Briefkasten an.

»Dinghies«, sagte der Imbissverkäufer in New York. »You

come from the Land of two rubber dinghies!« Und nicht ohne Stolz fügte er hinzu: »Ich kenne Ostdeutschland. Ich habe ein paar Jahre in Stuttgart gelebt.« Dann lachte er. Und ich lachte zurück.

Ich komme aus einem Land, in dem eine Original-Schallplatte von Angelo Branduardi, Sting oder Michael Jackson doppelt so teuer war wie die Monatsmiete für meine Zweizimmer-Wohnung (58,90 Mark). Wie lebt man ohne diesen Irrsinn? Vielleicht mit Arroganz. Mit der Arroganz, nicht einfach zufrieden zu sein. Mit der Welt wie sie ist und der einschläfernden Gewissheit, dass wir Deutschen schon viel erreicht haben und es uns doch eigentlich ganz gut geht.

Ich komme aus einem Land, in dem Menschen verliebt waren in die Welt, in der sie nicht sein durften. Ich komme aus einem Land der Sehnsucht nach allem. Diese Sehnsucht fehlt.

Ich komme aus einem Land, das verschwunden ist, aber nicht vergangen. Und das nicht aufhören kann, an sich zu erinnern – nicht als nostalgisches Gefühl, sondern als seelischer Reflex auf die Gegenwart.

Über »Die Ostdeutschen« einen Film zu machen oder ein Buch heißt, über die Zukunft nachzudenken. Nur das ist spannend daran.

Wenn ich mit meinem elfjährigen Sohn über die DDR rede, ist schon klar, dass das Land der zwei Schlauchboote nicht sein Ding gewesen wäre. Aber jedes Mal habe ich das Gefühl, dass er mehr Ostdeutscher ist als Angela Merkel. Für meinen Sohn ist der letzte Mohikaner Gojko Mitić. Er hat sogar ein Autogramm von ihm.

Leben und erleben nach 1989 – ein Fernseh-Event

Christoph Singelnstein,
Chefredakteur des Rundfunk Berlin-Brandenburg

Unsere Eltern betrieben in Greifswald/Vorpommern eine eigene Buch- und Kunsthandlung und waren katholisch. 1961 trennte sie der Bau der Mauer von ihrer gesamten Familie, die in Münster/Westfalen zu Hause war. Die Nachrichten vom Tod meiner Großeltern und meines Onkels waren tränenreiche nächtliche Ereignisse, wenn es endlich gelang, eine Telefonverbindung nach Münster zu bekommen. Abschied nehmen, zur Beerdigung fahren war unmöglich, dafür gab es keine Reisegenehmigung. Die Eltern waren sozialisiert im katholischen Münster eines Kardinal Graf von Galen, einem erklärten Gegner der Nationalsozialisten. Sie waren geprägt von Theologen wie Romano Guardini oder Dietrich Bonhoeffer. In deren Geist erzogen sie auch uns.

In dieser Atmosphäre aufgewachsen, spürten wir Kinder früh und sehr emotional die Enge und Kleingeistigkeit, die Provinzialität und Kleinbürgerlichkeit, die Willkür und Selbstgefälligkeit des Regimes. Für den Weg in die Opposition bedurfte es »nur« noch der Überwindung der eigenen Angst.

Ich habe die DDR folglich nicht gemocht. Und ich kann ihr auch 25 Jahre nach ihrem verdienten Ende nichts Gutes abgewinnen. Die Tatsache, dass jedes Kind einen Kindergartenplatz hatte oder ähnliche sogenannte sozialpolitische Errungenschaften, sind für mich entwertet, wenn sie vor allem dazu genutzt wurden, schon die Jüngsten politisch zu indoktrinieren.

Auch für mich war das Leben in der DDR eine Gratwanderung zwischen Anpassung und Widerstand. Immerhin habe ich sieben Jahre im Rundfunk der DDR gearbeitet und mich gleichzeitig in der kirchlichen Friedensbewegung und der »Initiative Frieden und Menschenrechte« (IFM) engagiert. Das Ende der DDR habe ich als Befreiung erlebt. Und die Möglichkeit, nach dem Abdanken der SED-Diktatur im öffentlich-rechtlichen Rundfunk arbeiten zu können, ist für mich ein Geschenk. Ist doch der öffentlich-rechtliche Rundfunk per Auftrag unabhängig von Parteizugriff und Staatseingriff. Und hat er mich doch in den Jahren in der DDR verlässlich mit Informationen versorgt. Publizistinnen wie etwa Carola Stern haben mich auf diesem Weg früh begleitet und geprägt.

Das ist meine ostdeutsche Biografie – 25 Jahre nach dem Fall der Mauer. Der *Rundfunk Berlin-Brandenburg (rbb)* hat diesen Jahrestag zum Anlass genommen, 25 ostdeutsche Lebensläufe in den Mittelpunkt eines großen Dokumentarfilm-Events zu stellen. »Die Ostdeutschen – 25 Wege in ein neues Land« widmet sich nicht dem unmittelbaren Erleben der Wendemonate oder der Zeit davor, sondern dem Weg durch ein Vierteljahrhundert, das seit dem Herbst 1989 vergangen ist. Das Projekt stellt 25 Ostdeutschen verschiedener Generationen und Landstriche die Fragen, wo sie angekommen sind auf ihrem Weg in ein neues Land, was sie sich in diesen zweieinhalb Jahrzehnten zu eigen gemacht haben, was ihnen fremd geblieben ist und wie sehr die Zeitenwende ihre Persönlichkeit geprägt hat. Ihre Antworten sind so verschieden wie die Lebenswege: Mal erfüllten sich Hoffnungen, wurden Chancen ergriffen, fanden die Protagonisten zu einer Identität, mal überwiegen Enttäuschung oder die Erfahrung von Verlust.

Für alle war »die Wende« ein bedeutender biografischer Einschnitt, eine enorme Herausforderung, meist nicht nur in Fragen der wirtschaftlichen Existenz, vor allem auch im Umgang mit einer gänzlich neuen sozialen Realität. Dem verschwundenen Staat DDR trauern nur wenige nach, geblieben sind jedoch Erinnerungen an gelebtes Leben in diesem Land, Erfahrungen mit diesem Land. Bis heute prägen diese Erfahrungen Lebensentscheidungen von Menschen in Ostdeutschland – auch der Herbst 1989 war keine Stunde Null.

»Die Ostdeutschen – 25 Wege in ein neues Land« ist deswegen für den *rbb* ein zentrales Programmvorhaben zum 25-jährigen Jubiläum von friedlicher Revolution in der DDR und Mauerfall. Immer wieder war und ist es für den Sender – bzw. seine Vorläufer *ORB* und *SFB* – ein Anliegen, mit großen dokumentarischen Projekten die historische Zäsur des Herbstes 1989 zu würdigen. So setzte »Die Chronik der Wende« den mutigen Protagonisten der Umbruchmonate in 163 Kalenderblättern ein filmisches Denkmal, »20 x Brandenburg« erzählte 20 Geschichten von Land und Leuten des 1990 neu entstandenen Bundeslandes, beide Projekte erhielten mit dem Grimme-Preis ihr filmisches Qualitätssiegel. Erfolgreich waren auch der Mehrteiler »Mein Deutschland« im Jahr 2009 und das Dokumentarfilmprojekt »16 x Deutschland« 2012. Nun sendet der *rbb* an fünf Abenden im November 2014 »Die Ostdeutschen – 25 Wege in ein neues Land«, ein insgesamt sechseinhalbstündiges Fernseh-Event. Es eröffnet den Blick zurück auf 25 ganz individuelle Lebenswege im Osten Deutschlands und stellt im besten Fall als Ganzes vielleicht eine Art »Schnappschuss« der Gemütslage der Deutschen zwischen Rügen und Thüringer Wald dar.

Die *Berliner Zeitung* begleitet das TV-Event mit einer Artikelserie, und der Ch. Links Verlag legt dazu dieses Buch vor. 25 Jahre nach dem Ende der DDR ist es spannend zu sehen und zu lesen, wie unterschiedlich jeder der Portraitierten mit den Veränderungen umgegangen ist. Denn über allem steht ja: die DDR war eine Diktatur mit all den Folgen, die dies für die Menschen hatte. Unter diesem Blickwinkel können Sie hier noch einmal nachvollziehen, wie verschieden Menschen diese Tatsache reflektieren, wie sehr ihr Leben und Denken nach dem Ende der DDR davon noch geprägt ist, sie behindert oder treibt. Oder ob sie es einfach nur hinter sich gelassen haben.

Der skeptische Blick

Von Bettina Cosack, Berliner Zeitung

Die Ostdeutschen – 25 Wege in ein neues Land. Was für ein Titel für eine Serie von 25 Porträts, 25 Jahre nach dem Mauerfall. Die Ostdeutschen, das klingt so allumfassend. Und kann es gar nicht sein. 25 Wege in ein neues Land, das klingt nach mutigem Aufbruch, nach forschem Ausschreiten, nach Zielstrebigkeit gar. Klingt danach und meint und ist es nicht. Wer diese 25 berührenden Lebensgeschichten liest, wird eher wenig Zielstrebigkeit erkennen und viel Mäandern, Probieren, Suchen, wird Mut und Chuzpe finden, Zurückhaltung und Zaudern, Kämpfen und Ringen und manchmal ein Ankommen.

Hatten Sie ein Ziel nach dem Mauerfall, wird die Bibliotheksassistentin Anne-Katrin Scharlach, die es der Arbeit wegen und eher unfreiwillig von Weißwasser in der Oberlausitz nach Minden in Westfalen verschlagen hat, vom Regisseur und Autor Lutz Pehnert gefragt. Darüber lohne es sich nicht zu reden, sagt Anne-Katrin Scharlach, 50 Jahre alt, eine der porträtierten Ostdeutschen in diesem Buch. Ich bin keine Erfolgsgeschichte. Ich hatte keine Vorstellung, was ich überhaupt erreichen will. Die ganzen Jahre waren ein stetiger Kampf um ein halbwegs vernünftiges Auskommen. Mehr nicht.« Mehr nicht? Möchte man sie beim Lesen dieser Sätze fragen. Und was ist schon eine Erfolgsgeschichte? Es ist ein skeptischer Blick, den Anne-Katrin Scharlach auf ihr eigenes Leben wirft, auf das der anderen, auf das Land, in dem sie lebt.

Der skeptische Blick ist eine ostdeutsche Spezialität, er geht einher mit einer gewissen Distanz, kaum wahrzunehmen manchmal, aber immer vorhanden, mit einem stets mitschwingenden leisen Vorbehalt, einem Auf-der-Hut-Sein, das vor naivem Überschwang schützt. Er ist eine ostdeutsche Spezialität - und eine Qualität.

Es ist dieser skeptische Blick, der die Geschichten der ausgewählten 25 Ostdeutschen verbindet und diese wiederum mit der Geschichte der *Berliner Zeitung,* mit den Geschichten all der Menschen, die dort arbeiten, manche tun es seit vier oder mehr Jahrzehnten. Es ist ein Blick, der sortiert, einer, der einst half, Propaganda und Wirklichkeit zu unterscheiden und mit der Diskrepanz zu leben, ein Blick, der nach dem Mauerfall dann vor weiteren Täuschungen und Enttäuschungen schützen sollte und soll.

Ich war 26 Jahre alt, als ich als westdeutsche Praktikantin zur *Berliner Zeitung* kam. Es war der 1. April 1991, ich hatte gerade fertig studiert, Germanistik und Theaterwissenschaft, und vom Journalismus wusste ich nichts. Ich war auf der Suche nach einem Beruf, der zu mir passen könnte. Ich habe ihn hier am Alexanderplatz gefunden, fast die Hälfte meines Lebens habe ich hier verbracht.

Einen Sitzplatz für die Praktikantin hatte man im Feuilleton an diesem 1. April nicht. Ich wurde, weit entfernt vom Ressort, an einem Schreibtisch in einem Saal im 16. Stock des Verlagsgebäudes platziert. Wenn ich gewagt hätte, mich von diesem Schreibtisch fortzubewegen, hätte ich aus der südlichen Fensterfront schauen und den Alexanderplatz erspähen können und die Wohntürme am Strausberger Platz, von den nördlichen Fenstern aus das Scheunenviertel und Flugzeuge im Landeanflug auf Tegel am Horizont. Ich wagte es nicht. Die rechte Saal-Hälfte war von mehreren Frauen, Redakteurinnen offenbar, okkupiert, perlenkettigen Hamburgerinnen, sie trugen Hemdblusen und seidene Halstücher, sie sprachen hysterisch miteinander, produzierten offenbar ein Wochenend-Magazin oder ähnliches. Ich selbst saß in der stillen Hälfte des Raumes, umgeben von verhalten miteinander murmelnden Menschen, ich begriff, dass es Ost-Redakteure sein mussten. Einer von ihnen kam an meinen Schreibtisch und reichte mir eine *Junge Welt*. »Lies das«, sagt er, »ist eine gute Zeitung.« Und verschwand. Ich blätterte ein wenig und starrte ansonsten auf das altmodische Telefon vor mir. Wenn ich nach West-Berlin telefonieren wolle, dürfe ich die Vorwahl nicht vergessen, hatte man mir gesagt. Ich begann zu ahnen, dass es mit der Wiedervereinigung noch nicht so recht was geworden war hier am Alexanderplatz.

Die *Berliner Zeitung* war im Jahr 1990 aus dem SED-Pressemonopol an den Verlag Gruner + Jahr verkauft worden, das West-Ost-Experiment hatte begonnen, um die 30 West-Kollegen sollen im Juni 1991 bereits in der Redaktion gearbeitet haben. Ich zählte zu ihnen, war ein Wessi (eine weibliche Form dieses Wortes hat sich ostigerweise bis heute nicht entwickelt) und auch wieder nicht, da ja nur Praktikantin und nicht wirklich erwachsen, das war mein Glück. Schnell wurde ich aus der Verbannung im 16. Stock erlöst, wurde durch die Stadt geschickt und durfte schreiben, schreiben, schreiben, jeder Vorschlag war willkommen, jeder Text, jede Abendschicht. Man kümmerte sich im Feuilleton-Ressort um mich, als wäre ich ein aus dem Nest gefallener Vogel, man lehrte mich, was im Journalismus zu lernen war. Ganz nebenbei hörte ich von Strittmatter, Schöbel, Schabowski, Stasi, vom Hasen im Rausch, vom Roten Kloster, vom Frauenruheraum. Wir erzählten uns unsere Geschichten, es geht wohl nichts über das Erzählen und das Zuhören und das gemeinsame Lachen auch. Wer über den skeptischen Blick verfügt, der spottet gern, Spott tröstet.

Gemeinsam staunten wir, und da war ich auf der Seite meiner Feuilleton-Kollegen aus dem Osten und vergaß mein Westler-Sein, über die Anmaßungen mancher Wessis, die meinten, qua Herkunft herrschen zu dürfen. Der skeptische Blick, den ich mir allmählich aneignete, registrierte jede Bosheit. Ich erinnere mich beispielsweise daran, wie eine West-Kollegin die Füße auf ihren Schreibtisch legte, um einem Ost-Kollegen mutwillig den Weg zu seinem Schreibtisch zu versperren. Ich sah, wie der Ost-Kollege sich ganz dünn machte und die winzige Lücke zum Durchschlüpfen nutzte. Der Wessi in mir staunte über so viel Gelassenheit. Nicht alle Ost-Kollegen waren aus verständlichen Gründen so souverän, auch das gehört zur Wahrheit.

»Wenn wir zweierlei Deutschen nicht verstehen, dass wir verschieden sind, werden wir nicht zueinander kommen«, hat Frank Castorf einmal gesagt. Es hat gedauert, bis ein wenig Frieden einkehren und das Verschiedensein beiderseits akzeptiert werden konnte. Ein Ost-West-Labor wurde die *Berliner Zeitung* genannt, und das war sie und ist sie noch. Viel ist debattiert worden. Darüber, ob Odessa am Schwarzen Meer wirklich noch auf der Wetterkarte stehen muss. Ob Gehaltsunterschiede zwischen West- und Ost-Redakteuren hinnehmbar seien. Ob man überhaupt über den Papst, den »Anführer der größten Sekte der Welt«, berichten solle. Es ging um kleine Alltäglichkeiten und große Politik. Es wird immer noch debattiert heute, aber ohne die Schärfe und die Verzweiflung der Anfangsjahre.

Während die Redaktion sich im Ost-West-Labor übte, wechselten die Besitzer der Zeitung und die Chefredakteure zügig. Die Redaktion entwickelte eine gewisse Meisterschaft im Neuanfangen. West- wie Ost-Kollegen wehrten sich zudem immer wieder energisch dagegen, zum reinen Renditeobjekt zu werden, pochten immer wieder und zwar gemeinsam auf den Anspruch, eine Autorenzeitung zu bleiben, Sprache und Texte mehr zu pflegen, als es anderswo vielleicht üblich ist. Dieses Sich-Wehren gegen Anmaßungen und Zumutungen von außen und auch die vielen Neuanfänge haben Kraft gekostet und zugleich Energie gegeben, haben zusammengeschweißt, was zunächst nicht unbedingt zusammengehören wollte.

Und heute? Sagen viele Kollegen, dass man über Ost und West doch nicht mehr reden müsse, das Thema sei erledigt. Ich sehe und empfinde das anders. Diese Redaktion hat so viel miteinander erlebt, dass es unmöglich ist, von der Herkunft des jeweiligen Kollegen zu abstrahieren. Jeder trägt seine Geschichte, seine Prägungen wie ein unsichtbares Schneckenhaus mit sich herum, um sich notfalls auch mal in dieses zurückziehen zu können.

Und täglich erzählen wir uns Geschichten aus Ost und West, immer noch. Uns und unseren Lesern. Es ergibt sich von selbst in diesem neuen, alten Land. Denn auch das hat man im Ost-West-Labor gelernt: dass der Blick, der skeptische, nie nur in eine Richtung gehen sollte. Wenn wir im Magazin von den Urlaubsreisen der Kindheit erzählen, dann berichtet der eine eben von ruckeligen Fahrten durch Mecklenburg auf dem Trabant-Rücksitz, die andere vom kommoden Lesen auf der Rückbank des Audi, wenn es mal wieder ans Mittelmeer ging. Wenn wir eine Sommerserie zum Thema »Inseln der Großstadt« planen, dann suchen wir nach Inseln im Ostteil Berlins und im Westteil Berlins. All die Debatten der vergangenen zweieinhalb Jahrzehnte waren letztlich immer auch Debatten über Gerechtigkeit.

Als uns im Dezember der rbb und die credo:film eine Kooperation bei der Arbeit an der Serie »Die Ostdeutschen« anboten und fragten, ob die Redakteure der *Berliner Zeitung* parallel oder im Anschluss an die Filmarbeit Porträts über 25 Ostdeutsche schreiben und in der Zeitung und in einem Buch veröffentlichen wollten, da jubelten die Chefs; Chefs lieben die Wörter Kooperation und Synergie. Einige Reporter, Ossis wie Wessis, wenn man das noch so nennen will, murrten und wiesen darauf hin, dass eine Serie nur über die Ostdeutschen ja wohl nicht so recht zur *Berliner Zeitung* passe, wo denn da die Westdeutschen blieben. Und wenn es schon so sein müsse, dann wolle man doch die ostdeutschen Helden lieber selber aussuchen. Ja, da war er wieder, der skeptische Blick, der alles von außen Kommende, von oben Verordnete wieder und wieder prüft, gepaart mit einer stolzen Widerborstigkeit und der Entschlossenheit, nicht alles sofort gut zu finden.

Es siegten wie wunderbarerweise immer: die Neugier und die Lust am Losziehen. Es kamen von den Recherche-Reisen zurück: zufriedene Reporter, die Spannendes, Lustiges, Anrührendes erlebt hatten und davon unbedingt erzählen wollten. Es entstanden: 25 Porträts von Ostdeutschen, verfasst von Schreibern aus Ost und West. Ein paar sehr junge Kollegen und Kolleginnen waren auch dabei, ihnen merkt man nicht mehr an, woher sie kommen. Es entstanden auch: Fotos von den 2,5 Ostdeutschen-Protagonisten. Markus Wächter ist viele Kilometer für die Porträts gefahren. Es ist auf ihnen oft zu erkennen: der skeptische Blick. Es sind zu lesen: Kampfgeschichten. Suchgeschichten. Lebensgeschichten. Auch Erfolgsgeschichten. Mancher ist schon angekommen, mancher ist noch unterwegs.

Lebensgeschichten als innerer Programmauftrag

Von Christoph Links, Ch. Links Verlag

Seit 25 Jahren begleiten uns ostdeutsche Lebensgeschichten. Als der Verlag im Herbst 1989 in Ost-Berlin gegründet wurde, ging es uns nicht nur um die Aufarbeitung bis dahin tabuisierter Bereiche der Geschichte, sondern auch um das Leben der hier lebenden Menschen, um eine Begleitung der deutschen Einheit, um das schwierige Zusammenwachsen von Ost und West. Drei Bücher aus den Anfangsjahren machen das besonders deutlich.

Der erste Band stammt von einem Reporter der *Berliner Zeitung*, es ist Alexander Osangs Porträtsammlung »Aufsteiger – Absteiger. Karrieren in Deutschland«, in dem 1992 unter anderem die Wende-Biografien von Gunther Emmerlich und Bärbel Bohley, von Tamara Danz und Katrin Krabbe, von Manfred Stolpe und Karl-Eduard von Schnitzler erzählt wurden. Es war die Zeit der harten Auseinandersetzungen, des Kämpfens um den Einstieg in die neue Gesellschaft, die Zeit der schnellen bis vorschnellen Urteile. Das Buch wurde ein anhaltender Erfolg, erlebte vier Auflagen, erschien in Frankfurt am Main als Taschenbuch.

Sechs Jahre später ging es gesellschaftlich schon etwas ruhiger und differenzierter zu, sodass Christoph Dieckmann, Autor der *Zeit*, seine »Geschichten von ostdeutscher Identität« trotzig mit »Das wahre Leben im falschen« überschreiben konnte. Er bezog Stellung gegen die »Kampfgruppen der Selbstgerechtigkeit« und forderte ein neues Selbstbewusstsein der Menschen in Ostdeutschland – jenseits von nostalgischer Verstockung und eilfertiger Anpas-